Manfred Kyber

Drei Mysterien

Der Stern von Juda · Die Neunte Stunde · Der Kelch von Avalon

Manfred Kyber

DREI MYSTERIEN

Der Stern von Juda

Die Neunte Stunde

Der Kelch von Avalon

MICHAELS VERLAG

MANFRED KYBER – »DREI MYSTERIEN«
Herausgegeben von Robert B. Osten

Bibliografische Information der Deutschen Nationalbibliothek:
Die Deutsche Nationalbibliothek verzeichnet diese Publikation in der Deutschen Nationalbibliografie; detaillierte bibliografische Daten sind im Internet über www.dnb.de abrufbar.

Coverdesign und Satz: Beringer Books · www.beringerbooks.de
Umschlagfoto: fotolia.com

Printed in EU
ISBN 978-3-89539-644-1

1. Auflage

INHALTSVERZEICHNIS

DER STERN VON JUDA

Personen

Tyra, eine junge Babylonierin.

Maseja, Hauptmann der Tempelwache.

Der Hauptmann der Palastwache.

Der Hohepriester Baals.

Erster Priester Baals.

Zweiter Priester Baals.

Dritter Priester Baals.

Vierter Priester Baals.

Belsazar, König von Babylon.

Der Kämmerer Belsazars.

Baalpriester, Wachen, Jungfrauen, Magier,
Gefolge des Königs, Volk.

Ort der Handlung:
Babylon.

Zeit der Handlung:
538 vor Chr.

(Alle Anordnungen links und rechts vom Zuschauer.)

(Szene: vor einem Tempel an der Stadtmauer Babylons. Links ein Thronsessel auf erhöhtem Postament. In der Mitte im Vordergrund ein Opferstein. Der Tempel hat ein großes Tor, dessen eherne Flügel geschlossen sind, und ein kleines an der Seite, das verhangen ist. Hinter dem Tempel erblickt man die Stadtmauer. Zu beiden Seiten ist die Szene ebenfalls von Mauern umgeben, in denen sich Tore befinden. Am Tor der Mauer rechts ist ein Brunnen. Es ist mondhelle Nacht. An den Toren der Mauern brennen Fackeln und Wachen stehen davor oder sitzen auf den Mauerbänken. Durch das kleine verhangene Tor des Tempels dringt ein schwacher Lichtschein. Maseja, der Hauptmann der Tempelwache, sitzt auf einer Steinbank am Tor links und hat den Kopf in die Hand gestützt. Das Tor links ist geschlossen und so weit im Vordergrund, dass es vom Thronsessel nicht verdeckt wird. Das Tor rechts ist größer und mehr in der Mitte der Mauer, und seine Flügel stehen offen. Am Opferstein steht eine Gruppe junger Priester. Zu beiden Seiten des Opfersteins brennen Feuerschalen. Ein eiserner Ring ist in den Opferstein hineingelassen.

Der Hohepriester Baals tritt aus dem kleinen verhangenen Tempeltor, gefolgt von anderen Baalpriestern. Die Wachen stehen auf und stellen sich in Ordnung vor die Tore. Die jungen Priester verneigen sich.)

Der Hohepriester. Geht hinaus in die Gassen Babylons und ruft ins Volk. Kommt her, zu weihen den Tempel menschlicher Vollendung! Baal ist Gott unter den

Göttern, und Belsazar, der König von Babylon, ist König unter den Königen, und so bist du, Babylon, das Volk unter den Völkern und die Stadt unter den Städten. Keine ist wie du, Tochter des Euphrat, und deine Zinnen ragen zum Himmel von Mitternacht gen Mittag und von Mittag gen Mitternacht!

(Die Priester verneigen sich.)

DER HOHEPRIESTER. Geht hinaus in die Gassen Babylons und ruft ins Volk: Kommt her, zu opfern Baal und zu weihen den Tempel der Vollendung!

(Die Priester gehen durch das Tor rechts hinaus.)

DER HOHEPRIESTER *(streckt die Hände empor)*. Freue dich, freue dich, du Tochter des Euphrat!

STIMMEN DER PRIESTER *(draußen)*. Männer von Babylon, kommt zum Tempel – kommt zum Tempel, Männer von Babylon – –

(An das Tor links wird geklopft.)

STIMME DES HAUPTMANNS DER PALASTWACHE. Der Hauptmann der Palastwache!

MASEJA *(zu den Wachen)*. Öffnet!

(Der Hohepriester steigt die Stufen des Tempels herab. Andere Priester, die aus der kleinen Tempeltür kommen, folgen ihm. Die Wachen öffnen. Palastwachen, geführt vom Hauptmann der Palastwache, kommen herein. In ihrer Mitte führen sie Tyra. Sie ist verschleiert und reich geschmückt, ihre Hände sind mit einer langen Kette gefesselt. Sie ist umgeben

von einer Schar junger Babylonierinnen, die Blumengewinde tragen.)

DER HAUPTMANN DER PALASTWACHE. Großer Vater, ich bringe dir Tyra, die Enkelin des Nebusar-Adan, die ihr erwählt habt zur Braut Baals.

DER HOHEPRIESTER *(küsst Tyra auf die Stirn).* Sei willkommen, du Braut Gottes, sei willkommen im Brautgemach deines Bräutigams!

(Tyra schweigt. Ein Zittern durchläuft ihren Körper.)

DIE PRIESTER *(verneigen sich vor ihr).* Sei willkommen, Braut Gottes!

DER HOHEPRIESTER *(zu Maseja).* Hauptmann der Tempelwache, ich gebe sie dir. Kette sie an ihr Hochzeitbett. – *(Zu den Mädchen)* Und ihr umringt sie mit Blumen, Töchter von Babylon, schmückt ihr Lager, werft Myrrhen und Ambra in die Becken. Sie harrt ihres Bräutigams, die Braut Gottes –

(Maseja nimmt sie in Empfang. Zwei Männer der Wache fesseln sie mit der einen Hand an den Ring des Opfersteins. Die Priester und Jungfrauen stellen sich im Halbkreis um sie. Die Jungfrauen werfen Kräuter in die Feuerschalen und streuen Blumen auf Tyra und auf den Opferstein.)

STIMMEN DER PRIESTER *(hinter der Szene, von fern verhallend).* Männer von Babylon, kommt zum Tempel – kommt zum Tempel, Männer von Babylon – – –

Der Hauptmann der Palastwache *(führt den Hohenpriester zur Seite).* Was gibst du sie Maseja, großer Vater? Du weißt, er ist ein Fremdling aus dem Volk von Juda.

Der Hohepriester. Er hat die Wache.

Der Hauptmann der Palastwache. Sie ist Baals Braut. Soll sie einer hüten, der Jehovah, den Gott der Juden, seinen Gott nennt? Denkst du so und bist ein Priester – wie sollen wir denken?

Der Hohepriester. Du denkst gar nicht. Sonst sprächst du nicht also. Und du hast sie nicht gesehn. Aber ich sah sie. Ich bin ein Greis, aber mir hat das Herz gebebt im Leib, als ich sie sah. So schön ist sie. So schön ist sie, dass kein Mensch sie hüten kann, er verriete den Baal und uns, er verriete seinen Gott und sein Volk um dieses Weibes willen.

Der Hauptmann der Palastwache. Um eines Weibes willen? Wenn Babylon sich regt, zittert die Erde – und du glaubst, es gäbe keine Männer zu Babylon, die ein Weib hüten können?

Der Hohepriester. Dies Weib zu hüten, geht über eines Menschen Kraft.

Der Hauptmann der Palastwache. Und ist Maseja kein Mensch? Und wenn dein Herz gebebt hat – hat er kein Herz im Leib? Ist er stärker als wir, der Fremdling von Juda, des Volk wir in die Knie gezwungen haben, des Volk wir durchs Joch getrieben haben, dass es uns diene seit Menschengedenken? Ist der Besiegte stärker als der Sieger? Der Sklave stärker als der Herr?

Der Hohepriester. Wenn Maseja wacht, so wacht kein Mensch. Wenn er wacht, wacht der Hass eines ganzen Volkes, eines geknechteten Volkes. Und nur solch ein Hass ist stark genug, dies Weib zu hüten.

(Die Wachen haben Tyra gefesselt und treten zurück.)

Erster Priester *(breitet die Hände über Tyra aus)*. Segen über dir, Braut Gottes!

Die Jungfrauen *(streuen Blumen)*. Segen über dir, Braut Gottes! Segen, Segen über dir!

(Tyra sinkt in sich zusammen.)

Der Hauptmann der Palastwache. Sie ist Baals Braut. Die Braut eines Gottes. Braucht Baal eines ganzen Volkes Hass, sie zu hüten? Ist er kein Gott – ist er nicht stark genug allein?

Der Hohepriester *(fährt auf)*. Du lästerst Gott! Du bist verderbt! Ihr alle seid verderbt, alle, alle! Gift schleicht durch die Gassen Babylons, Gift ist in euren Seelen, Gift in euren Knochen. Ihr schmückt euch mit Gold und Geschmeide, statt mit Waffen. Wein sauft ihr aus goldenen Schalen, wo eure Väter das Blut ihrer Feinde tranken aus nackten Schädeln. Zum Tempel kommt ihr zu gaffen. Und wenn ihr betet und opfert, so opfert ihr der Lust und betet mit trunkenen Lippen im Arm fremder Weiber. Wehe, wehe über dir, Babylon!

*(Die Wachen und Priester werden aufmerksam.
Einige Priester treten herzu.)*

Der Hauptmann der Palastwache. Was schmähst du uns? Lässt du nicht selbst ausschreien in Babylon, dass wir das Volk sind unter den Völkern ? Und dieser Tempel, den du den Tempel der Vollendung nennst – hast du ihn nicht Babylon gebaut, der Stadt unter den Städten ? Sind wir nicht groß, wenn du einen Tempel baust unserer Größe ?

Der Hohepriester. Ja, ihr seid groß – seid groß geworden durch Baal. Mit Baal begann der Glanz Babylons, und mit Baal wird er sein ein Glanz ohne Ende. Aber wenn ihr euch abkehrt von Baal, wird Babylon ein Ende nehmen mit Grauen. Das Feuer wird eure Paläste fressen und eure Lotterbetten verzehren, und eure Leiber werden zum Fraß der wilden Tiere. Frevle nicht – die Hand, die nach Göttern greift, wird zu Asche und Staub !

Der Hauptmann der Palastwache. Wie soll ich freveln ? Bin ich ein Priester ? Diene ich Baal ? Ich bin ein Krieger, ich diene dem König.

Der Hohepriester. Und ist Belsazar kein Diener Baals ? Heb dich hinweg vom Tempel – Frevler, Frevler !

Der Hauptmann der Palastwache *(höhnisch)*. Belsazar ist ein Diener Baals ? Dem König der Könige steht es schlecht an, zu dienen. Weißt du das so gewiss ? Dann ist es gut, dass du es weißt. Eh Mitternacht naht, wird Belsazar hier sein und wird dich dasselbe fragen, das, was ich frug: wer ist Baal – bin ich ein Diener Baals ?

Der Hohepriester. Was redest du in Rätseln zu mir – ein Knabe zu einem Greis ? Sah ich nicht Belsazar gestern und sah, wie er kniete vor den Stufen des Tempels ?

Der Hauptmann der Palastwache. Das war gestern. Gestern ist nicht heut. Gestern war Belsazar König von Babylon.

Der Hohepriester. Und heute?

Der Hauptmann der Palastwache. Heute ist das Grauen König zu Babylon. Ein Grauen mit unsichtbaren Händen, mit Augen von Feuer. Mit den Fingern des Todes griff es nach der Krone Belsazars. Ein Grauen, das keine Faust packen, kein Hirn deuten kann.

Zweiter Priester. Er ist ein Narr – von Sinnen!

Der Hauptmann der Palastwache. Glaubt ihr es nicht? Wisst ihr nichts davon, ihr Allwissenden? Geht hinauf zum Königspalast, geht in den Königssaal – da sitzt es am Tische des Königs und trinkt aus goldenem Becher. Aber es trinkt allein. Alle anderen schweigen und glotzen auf das Grauen in ihrer Mitte.

Dritter Priester. Er kommt vom Gelage. Der Wein redet aus ihm.

Der Hohepriester. Geh! Die Stätte, auf der du stehst, ist eine heilige Stätte und nicht für Trunkene. Geh! Geh zu deinen Genossen und zu deinen Dirnen!

Der Hauptmann der Palastwache *(wendet sich ab).* Die Stirn eines Priesters ist härter als ein Fels.

Vierter Priester *(kommt eilig zum Tor rechts herein).* Großer Vater, der ganze Palast ist in Aufruhr. Der König hat Flammenzeichen gesehen. Keiner kann sie deuten, kein Magier, kein Priester. Rote Flammenzeichen an weißer Wand geschrieben mit unsichtbarem Finger …

Der Hauptmann der Palastwache. Hört ihr's nun? Glaubt ihr's nun? Wie? Geht doch selber und gafft sie euch an, die Flammenzeichen. Deutet sie! Ihr seid doch allwissend, Diener Baals – könnt ihr sie deuten?

Der Hohepriester. Hebe dich weg von hier – Frevler, Frevler!

Der Hauptmann der Palastwache. Sagt Baal, dem Gott unter den Göttern, er soll Belsazar helfen, dem König unter den Königen. Belsazar von Babylon ist bleich geworden – wird Baal auch bleich werden?

Der Hohepriester. Ich lasse dich greifen von meinen Knechten. Frevler – Frevler!

Der Hauptmann der Palastwache. Her zu mir, Wachen vom Palast!

(Die Palastwachen stellen sich ihm zur Seite. Er geht mit ihnen dem Tor rechts zu. Kurz vor dem Tor wendet er sich noch einmal um.)

Der Hauptmann der Palastwache *(drohend)*. Hüte dich, stolzer Priester. Eh Mitternacht naht, wird Belsazar hier sein und wird dich fragen, das, was ich dich frug. Dann antworte ihm. Antworte ihm – wenn du kannst!

(Er verlässt mit den Wachen vom Palast die Szene.)

Der Hohepriester *(mit erstickter Stimme)*. Schließt die Tore!

(Die Tempelwachen schließen die Tore und stellen sich davor. Der Hohepriester sinkt auf der Mauerbank rechts zusammen und stützt den Kopf in die Hände. Pause.)

Der Hohepriester *(zum vierten Priester).* Erzähle, was du weißt.

Vierter Priester *(während die Priester sich um ihn scharen und die Wachen aufmerksam zuhören).* Babylon ist verloren, großer Vater! Ein Fremdes greift nach uns mit fremden Fingern, flüstert mit fremden Stimmen, lauert mit fremden Augen auf uns. Wo ich hinsehe, lauert es, wo ich hinsehe …

Der Hohepriester. Fasle nicht. Erzähle, was du weißt. Wo ist Belsazar?

Vierter Priester. Im Palast. Da saß er mit seinem Gefolge und seinen geschmückten Weibern, und sie zechten, dass die Mundschenken nicht wussten, wie sie immer aufs neue die goldenen Becher füllen sollten. Und die Weiber schwatzten und scherzten um ein Lächeln auf den Lippen Belsazars. Er aber sprach: mich ekelt euer Geschwätz, sinnt auf was anderes, das mich zerstreue. Da neigten sich alle und riefen: lasse Gnade walten über uns, König von Babylon. Da reckte sich Belsazar empor und sprach: was redet ihr? Ich bin kein König, ich bin ein Gott!

Der Hohepriester. Hat er Baal vergessen? Wehe, wehe über dir, Babylon!

Vierter Priester. Ein Gott bin ich und darum will ich trinken aus den Schalen eines Gottes. Geht und bringt mir das Tempelgerät herbei, das ihr erbeutet aus dem Tempel zu Jerusalem.

(Maseja wendet sich ab.)

VIERTER PRIESTER. Da gingen sie und holten das Tempelgerät Jehovahs und stellten es auf die Tafel vor den König, und es waren goldene Becher und Schalen, goldene Reifen und Geschmeide. Und sie schenkten Wein ein, und sie tranken alle aus den Bechern und Schalen des Gottes der Juden. Aber Belsazar, als er getrunken, stand auf, lachte und frug: Wisst ihr, aus wessen Gefäßen ihr sauft, Männer und Weiber – Wisst ihr, wer das ist – Jehovah, der Gott der Juden? Da schwiegen sie alle und sahen vor sich hin und wussten nicht, was sie dem König erwidern sollten und was ihm genehm wäre. Belsazar aber winkte seinen Narren heran, nahm einen goldenen Reif aus dem Tempelschatz und setzte ihn dem Narren aufs Haupt und rief: sei mir gegrüßt, Jehovah, Gott der Juden, König zu Jerusalem – du bist geworden der Narr von Babylon! Da sah sie Belsazar an, dass sie lachten. Aber sie lachten nicht. Nur der Narr grinste unter dem goldenen Stirnreif und schaute mit blöden Augen auf den König.

DER HOHEPRIESTER. Und dann –

VIERTER PRIESTER. Dann, großer Vater – glaub mir's oder nicht – aber meine Glieder zittern noch jetzt, wenn ich dran denke – dann kam eine Hand hervor, niemand gehörig, und schrieb – schrieb flammende Zeichen an die Wand. Wir aber wussten nicht, wie uns geschah. Wir bebten und starrten auf die Flammenzeichen an der Wand, ob sie nicht weichen würden, ob sie nichts wären denn eine Täuschung unserer trunkenen Sinne. Aber die Flammenzeichen blieben stehen an der Wand und wichen nicht, ob auch hundert Augen sich in sie bohrten mit eisigem Grauen –

DER HOHEPRIESTER. *Und Belsazar?*

VIERTER PRIESTER. Balsazar war bleich wie Kalk und rief nach den Magiern, dass sie kämen, ihm die Zeichen zu deuten. Aber seine Stimme war keines Mannes Stimme mehr, sondern das Flüstern eines Greises. Und sie kamen alle: Magier, Schriftgelehrte und Priester. Aber keiner konnte die feurigen Zeichen deuten. Keiner vermochte zu sagen, woher sie stammen und was sie künden. Aber sie stehen immer noch, und sie brennen in unseren Seelen, sie fressen sich in unsere Knochen wie ein feuriges Rätsel.

DER HOHEPRIESTER *(steht auf, kalt)*. Und darum will Belsazar auch Baal lästern und will mich fragen, ob er ein Diener sei Baals, wie jener kecke Hauptmann sagt? Darum will er Baal verlästern – seinen Gott?

VIERTER PRIESTER. Belsazar wird dich nichts fragen, großer Vater. Belsazar sitzt bleich und finster auf seinem Thronsessel und redet mit niemand, und niemand um ihr wagt zu reden. Nur im Palast raunen sie sich's zu von einem Gemach zum andern, und durch die Tore des Palastes wälzt sich das Grauen hinaus in die Gassen von Babylon.

DER HOHEPRIESTER. Euch verwirrt ein Wahn.

VIERTER PRIESTER. Glaub mir, großer Vater, ein Unheil lauert um uns. Als ich herlief und auf die Brücke kam, da schimmerte es unten im Euphrat wie von blitzenden Waffen durch den Nebel, der über dem Wasser kriecht.

DER HOHEPRIESTER. Die Angst hat dich geäfft.

VIERTER PRIESTER. Das weiß ich nicht, großer Vater. Ich weiß nichts mehr. Ich weiß nur, dass ich die Flammenzeichen sah. Das weiß ich, weiß ich – feurige Zeichen an nackter Wand – wie soll das äffen?

DER HOHEPRIESTER. Du sahst sie selbst?

VIERTER PRIESTER. Ich sah sie selbst, großer Vater, ich sah sie – ja, ich seh sie jetzt noch, jetzt, da – an der Mauer schleichen sie entlang, jetzt an den Tempelstufen – – Entsetzen, Entsetzen! …

(Er sinkt halb ohnmächtig in die Arme eines Priesters.)

DER HOHEPRIESTER. Führt ihn fort. Sein Hirn ist verbrannt vor Schrecken.

(Zwei Priester führen den vierten Priester durch die kleine Tempeltür ab. Die anderen Priester und die Jungfrauen umstehen den Hohepriester in fragendem Schweigen.)

DER HOHEPRIESTER *(steht auf)*. Nein – nein! Noch lebt Baal, noch lebt unser Gott, und noch stehst du, Tochter des Euphrat, und deine Zinnen ragen zum Himmel.

(Zu den Priestern und Jungfrauen)

Geht in den Tempel. Betet!

(Die Priester und Jungfrauen gehen am Opferstein vorbei durch die kleine Tempeltür ab. Jede der Jungfrauen legt eine Blume auf den Opferstein.)

DER HOHEPRIESTER *(geht an den Opferstein und legt Tyra die Hände aufs Haupt).* Segen über dir, Braut Gottes – Segen über dir!

TYRA *(leise).* Gib mir zu trinken.

DER HOHEPRIESTER. Was sagst du, meine Tochter? Bist du auch von denen, die an die Erde denken? Dürstet dich – und bist Baals Braut, deines Gottes Braut? Kehre ein in dich, Auserwählte, kehre ein und bereite dich für deinen Bräutigam. Dein Bräutigam harret deiner. Bald, bald wirst du in seine Arme eilen, bald, bald – Segen über dir, Braut Gottes!

(Der Hohepriester geht durch die kleine Tempeltür ab. Die Wachen gehen auf und ab. Maseja steht finster und träumend an der Mauer rechts. Pause.)

TYRA. Mann von Juda, gib mir Wasser.

MASEJA *(höhnend). Dürstet dich und bist die Braut deines Gottes? (Tyra senkt den Kopf.)*

MASEJA *(zu den Wachen).* Geht vor die Tore und besetzt den Eingang. Es ist nicht geheuer in der Stadt.

(Die Wachen verlassen das Tor und schließen es.)

TYRA *(flehend).* Mann von Juda, gib mir Wasser. *(Pause.)*

MASEJA *(schöpft aus dem Brunnen eine Schale voll Wasser und bringt sie Tyra).* Hier ist Wasser. Trinke.

(Tyra löst ihren Schleier und schlägt ihn zurück. Sie sieht Maseja an, ergreift die Schale und trinkt. Dann reicht sie ihm die Schale zurück. Er stellt sie auf den Opferstein und sieht dem Mädchen ins Gesicht. Pause.)

MASEJA. Du bist schön, Tochter Babels …

TYRA *(finster)*. Denkst du dran, dass ich schön bin? Denke daran, was ich sein werde, ehe die Nacht vergeht.

MASEJA. Ich wollte deiner nicht spotten. Aber du bist schön. Warum soll ich nicht sagen, dass du schön bist? Du wirst noch schön sein im Tode.

TYRA. Wer fragt danach?

MASEJA. Der, den du deinen Gott nennst. Sie sagen doch, du opferst dich deinem Gotte.

TYRA. Ich opfere mich nicht. Die opfern mich, die sich selbst nicht opfern wollen.

MASEJA. Sie sagen, dein Gott ist dein Bräutigam und wartet auf dich. Sie sagen, dein Opferstein ist dein Hochzeitbett. Glaubst du nicht an deinen Gott?

TYRA. Wie soll ich nicht glauben, da das Messer auf mich wartet? Ich glaube. Aber ich bin ein Weib – ich fürchte mich.

MASEJA. Du hast einen grausamen Gott. Sein Hochzeitbett ist voll Blut, und es führen dunkle Tore des Grauens in sein Brautgemach.

TYRA. Man soll seinen Gott fürchten, sagen die Priester.

MASEJA. Man soll seinen Gott fürchten als einen Gott, nicht als einen Mörder.

TYRA. Ist dein Gott nicht grausam?

MASEJA. Wir schlachten ihm keine Menschen.

TYRA. Er ist ein schwacher Gott. Wie sollt ihr ihn fürchten? Wie wärt ihr sonst gen Babylon geschleppt worden und durchs Joch gegangen und unsere Diener geworden? Euer Gott ist tot. Wie sollt ihr ihm opfern?

MASEJA. Unser Gott lebt, Tochter Babels, und ist größer als Baal und alle Götzen.

TYRA. Dein Gott lebt? Rufe ihn doch. Wo ist sein Tempel? Sein Tempel war zu Jerusalem, sagen sie. Aber Jerusalem ist ein Haufen Asche, und auf seinen Trümmern wächst Gras. Wo ist dein Gott?

MASEJA. Er ist, wo wir sind.

TYRA. Er ist zu Babylon – und niemand sieht ihn?

MASEJA. Er ist zu Babel, und sie sehen ihn. Aber sie wollen ihn nicht sehn. Hat nicht Belsazar Flammenzeichen gesehen? Haben seine Genossen und seine Weiber sie nicht gesehen und sind davor gestanden mit schlotternden Knien? Das war Jehovahs Hand, die sie geschrieben.

TYRA. Und ist er zu Babylon, dein Gott – warum lässt er euch schmachten in fremden Ketten? Warum führt er euch nicht hinaus in eurer Väter Land, von dannen ihr kommen seid? Sind ihm die Mauern Babylons zu hoch und seine Tore und seine Türme zu fest, wo du doch sagst, dass er ein Gott ist?

MASEJA. Er wird aufstehen, wenn die Zeit gekommen ist, und wird seine Hand ausrecken über Babel, und diese Stadt wird das Feuer fressen, und ihre Türme und Mauern werden zu Staub zerfallen.

TYRA. Woher weißt du das? Sagen das eure Priester?

MASEJA. Das sagen unsere Propheten: es wird ein Rauch kommen von Mitternacht und wird sich niederlassen auf Babel, also dass es Nacht werden wird zu Babel und überall an den Ufern des Euphrat –

TYRA *(sehnsüchtig verloren)*. Es wird ein Rauch kommen von Mitternacht … und Babylon wird zerfallen und dieser Stein wird zerfallen und diese Ketten – und wann wird die Zeit kommen, sagen eure Propheten?

MASEJA. Die Zeit wird kommen, wenn das Wort erfüllt ist.

TYRA *(angstvoll)*. Ach, das sind Rätsel, Rätsel. Das wird nie sein. Niemals. Und wenn es sein wird – heut wird es nicht sein – heute nicht, dass diese Ketten brechen und diese Mauern fallen – heute nicht, heute nicht – –

MASEJA. *Graut dir, Tochter Babels, graut dir?*

TYRA. Sie kommen. Hörst du nichts? Ach – ich will nicht sterben – ich will nicht sterben!!

MASEJA *(sieht sich um und tritt dann nahe zu Tyra hin)*. Höre mich, Tochter Babels. Du sollst nicht sterben. Hörst du, du sollst nicht sterben. Du sollst leben. Noch ist Zeit. Ich breche deine Fessel. Ich führe dich fort. Hinter dem Tempel hängt eine Leiter aus Stricken an der Mauer. Da können wir hinauf. Wir ziehen sie nach – und oben auf der Mauer weiß ich einen geheimen Weg, der uns hinabführt. Es ist Dickicht unten und wildes Gestrüpp, und niemand findet uns. Nur die Nacht ist um uns – und wir sind allein – du und ich – –

TYRA. Ich und ein Fremdling!

MASEJA. Ist der ein Fremdling, der dir dein Leben schenkt? Hast du dein Leben nicht lieb? Hängst du nicht am Atem, der sich in deiner Brust regt? Willst du sterben? Graut dir nicht vor dem Messer – graut dir nicht?

TYRA *(zusammenbrechend).* Ach – du quälst mich. Quäle mich nicht. Ist's nicht genug, dass ich sterben muss?

MASEJA. Du sollst nicht sterben. Hörst du, du sollst nicht. Komm mit!

(Er fasst nach ihrer Hand.)

Gib deine Fessel her, ich breche sie auf. Gib die Hand her – hörst du!

TYRA *(entschlossen).* Nein!

MASEJA. Du willst nicht? Du willst nicht leben? Bist du von Sinnen, Weib?

TYRA. Lass mich los. Rüttle nicht an meinen Fesseln. Ich will mich nicht verkaufen. Ich will meinen Leib nicht verhandeln – und was anderes willst du, als meinen Leib unter deine Füße treten? Ich bin eine Babylonierin – nicht die Dirne eines hergelaufenen Fremdlings!

MASEJA *(nimmt die Schale vom Opferstein, geht zur Seite und wirft die Schale am Rande des Brunnens zu Boden).* Du bist stolz, Tochter Babels.

TYRA. Soll ich nicht stolz sein? Ich bin ein Fürstenkind. Nebusar-Adan war mein Ahn. Er hat euch in die Knie gezwungen zu Jerusalem – und nun soll ich meine Knie vor dir beugen, vor einem Manne dieses Volkes, das er durchs Joch trieb?

MASEJA. Du bist stolz, Tochter Babels. Denke, dass du sterben musst, wenn du stolz bist.

TYRA. Seid ihr alle so, Männer von Juda, dass ihr mit eines Weibes Todesangst handelt ? Seid ihr alle so, Männer von Juda ? Dann habt ihr keinen Gott ! Dann ist es gut, dass sie euren Tempel zerschlagen haben zu Jerusalem !

MASEJA. Noch einmal: denke, dass du sterben musst.

TYRA. Ich will sterben !

(Pause.)

MASEJA. Tyra von Babel – ich werde deine Fessel lösen. Ich zeige dir den Weg über die Mauer. Und da du nicht mit mir willst, bleibe ich hier. Geh allein.

TYRA. Was redest du da ? Weißt du nicht, dass sie dich greifen werden – dass sie dich martern werden – dass sie dich töten werden ? Dann musst du sterben.

MASEJA. Ich will sterben.

(Pause.)

TYRA. Wie heißt du ?

MASEJA. Was geht es dich an, wie ich heiße ? Sei frei und geh.

TYRA. Nein, sage mir's. Ich will wissen, wie du heißt.

MASEJA *(tritt auf sie zu und löst ihre Fessel vom Stein)*. Ich heiße Maseja und bin ein Fremdling von jenem Volk, das dein Vater in die Knie zwang zu Jerusalem und das deinem Volke front zu Babel. Ich habe nichts mit dir zu schaffen. Geh !

(Er wendet sich ab.)

TYRA *(richtet sich wie im Traum auf und streckt die gefalteten Hände nach Maseja aus, leise).* Maseja von Juda, warum tust du das?

MASEJA *(wendet sich hochmütig zu ihr um).* Du hast meinen Gott geschmäht. Glaubst du jetzt, dass ich einen Gott habe?

TYRA. Ja, ich glaube, dass dein Gott groß ist. Aber du bist kein Gott. Du bist ein Mensch – wenn auch dein Gott in dir ist – du bist ein Mensch – warum tust du das?

MASEJA. Geh!

TYRA *(flehend).* Nein, ich will nicht gehen. Ich werde nicht gehen. Aber eins will ich wissen. Warum sagst du das nicht? Sieh, ich werde sterben, eh die Nacht um ist. Sag es mir doch – ich will es gern hören, eh ich sterbe. Sag es mir doch – Maseja von Juda, warum tust du das?

MASEJA *(erschüttert).* Weil ich dich liebe, Tyra von Babel! Weil ich dich liebe, liebe! Und jetzt – – geh!

TYRA *(stürzt auf ihn zu).* Maseja!

(Umarmung.)

MASEJA. Du – du – –

TYRA. Ich liebe dich – ich liebe dich ......

(Pause.)

MASEJA. Tyra, komm fort. Wir müssen eilen. Es ist spät.

TYRA. Nein, küsse mich noch einmal. Es ist noch Zeit. Küsse mich noch einmal.

(Umarmung.)

TYRA. Sage mir – Babylon fällt, sagen eure Propheten. Doch wenn Babylon fällt, was wird aus deinem Volke, was wird aus dir? Wenn Babylon fällt, fällst du auch?

MASEJA. Frage nicht. Komm fort. Frage später.

TYRA. Nein, nein – das musst du mir sagen. Es ängstigt mich. Sage mir's, dann geh ich mit dir.

MASEJA. Wenn Babel fällt, werden wir hinausgeführt werden und werden hinziehen, dahin, von dannen wir gekommen sind, gen Jerusalem, in die Stadt unserer Väter.

TYRA. Ist das gewiss? Sagen das eure Propheten?

MASEJA. Es ist eine Verheißung, sagen unsere Propheten –

TYRA. Eine Verheißung ...

MASEJA *(feierlich)*. Es wird ein Stern kommen über Juda und wird uns führen und wird stehen bleiben zu Bethlehem im jüdischen Land. Es wird ein Stern kommen über Juda, und auf ihn werden schauen alle Völker der Erde ...

TYRA *(verloren)*. Es wird ein Stern kommen über Juda ...... Küsse mich noch einmal. Sage mir noch einmal, dass du mich liebst. Liebst du mich?

MASEJA. Ich liebe dich – ich liebe dich! ...

TYRA. Ach – du – du! ... Nein, nein, du liebst eine Tote – und du sollst leben, Maseja, hörst du. Lass mich sterben, ich will gern sterben, wenn du lebst. Kette mich wieder an.

MASEJA *(fasst sie)*. Tyra, komm fort, komm fort!

Tyra *(wehrt sich).* Nein, sie werden uns beide greifen, und du musst auch sterben. Sie werden uns beide greifen, es ist kein Krieg in der Stadt, kein Aufruhr, in dem man entrinnen kann. Du sollst es nicht wagen um meinetwillen. Kette mich an. Ich will sterben für dich – es war ja so schön – schön – –

(Sie birgt das Gesicht weinend in den Händen.)

Maseja. *Tyra!*

Tyra *(mit erstickter Stimme).* Nein, du sollst leben. Lebe – und glaube an deinen Stern!

(Fanfaren hinter der Szene. Die großen Tempeltore tun sich auf. Der Hohepriester und die ganze Schar der Baalpriester und Jungfrauen treten heraus. Man sieht in den Tempel hinein, wo in rotem Halblicht ein großes Götzenbild Baals steht. Der Hohepriester eilt auf Tyra und Maseja zu.)

Der Hohepriester. Wie, deine Fessel ist gelöst – wer hat das getan? Steh mir Rede, Hauptmann der Tempelwache!

(Maseja greift nach seinem Schwert. Tyra drängt ihn zurück.)

Tyra. Großer Vater, die Fessel löste sich, als ich dran zerrte. Die Wachen haben sie schlecht gebunden. Du musst die Wachen fragen, großer Vater, sie banden mir die Fessel.

Der Hohepriester. Dein Schleier hängt dir in den Nacken. Was wolltest du tun?

TYRA. Ich wollte noch einmal die Erde schauen, großer Vater.

DER HOHEPRIESTER. Die Erde schauen – du – die Braut eines Gottes? Du lügst, fliehen wolltest du, fliehen. Rede, antworte – lüge nicht im Angesicht des Todes.

TYRA *(stolz)*. Ja. Ich wollte fliehen.

DER HOHEPRIESTER. Oh, du Gottlose, du Dirne! Dankst du so deinem Gott, der dich auserkoren hat vor allen Jungfrauen Babylons! In seine Arme sollst du eilen, in die Arme deines Gottes – und du wolltest fliehen – (drohend zu Maseja) – und der mit dir!

TYRA. Der nicht. Ich wäre geflohen, wenn der nicht wäre. Er hat mich gehalten. Dank es ihm!

DER HOHEPRIESTER. Ich trau euch nicht. Ist das wahr?

TYRA. Es ist wahr. So wahr, als ich jetzt einen Gott in mir fühle und so wahr ich sterben will für diesen Gott!

(Die Tore rechts öffnen. Belsazar, sein Kämmerer und das ganze Gefolge kommen, begleitet von Volk, herein. Die Jungfrauen umringen Tyra. Maseja wird von den Priestern zurückgedrängt. Alle verneigen sich vor Belsazar, der ohne Gruß und finster zum Thronsessel geht und die Stufen hinaufsteigt.)

DER HOHEPRIESTER. Sei mir gegrüßt, Belsazar, König von Babylon. Sei gegrüßt in den heiligen Hallen des Tempels, den Baals Herrlichkeit geschenkt hat der Herrlichkeit seines Volkes zum Zeichen der Vollendung der Menschheit, zum Bilde seiner Vermählung mit dir, du Tochter des Euphrat.

(Belsazar winkt seinem Kämmerer.)

DER KÄMMERER. Belsazar, König von Babylon, befiehlt euch: fangt an.

(Die Priester stellen sich im Halbkreis um den Opferstein. Vor dem Stein steht der Hohepriester, hinter ihm die Jungfrauen, in ihrer Mitte Tyra. Hinter den Priestern stehen zur rechten Seite Wachen und Volk, zur linken, um die Stufen des Thronsessels herum, das ganze Gefolge des Königs. Belsazar setzt sich auf den Thronsessel. Sein Kämmerer steht neben ihm. Die Priester werfen Kräuter in die Feuerschalen, die Jungfrauen streuen Blumen über Tyra. Einer der Priester reicht dem Hohenpriester ein Messer, das dieser auf den Opferstein legt. Pause.)

DER HOHEPRIESTER *(streckt die Hände empor)*. Segne uns, Baal, du Gott unter den Göttern. Segne Babylon, die Tochter des Euphrat. Sieh gnädig an deinen Tempel und kröne unser Werk mit deiner Krone, dass es werde ein Werk der Vollendung. Sieh gnädig an dein Opfer, das du dir auserkoren hast zur Braut unter den Jungfrauen Babylons.

PRIESTER. Segne uns, Baal, sieh gnädig an deinen Tempel ....

DER HOHEPRIESTER. Segne uns, Baal. Segne uns vom Niedersten bis hinauf zum Höchsten – segne Belsazar, deinen Diener, den du gemacht hast zum König von Babylon. Segne ihn – segne –

BELSAZAR. Mach's kurz mit deiner Weisheit. Schlachte das Weib.

DER HOHEPRIESTER. Belsazar, willst du nicht den Segen deines Gottes?

(Belsazar schweigt. Pause.)

DER HOHEPRIESTER *(finster)*. Dann geschehe, wie du willst.

(Er neigt sich dreimal nach dem Götzenbild im Tempel, dann wendet er sich zu Tyra.)

Bist du bereit, Braut Gottes?

TYRA *(tritt zum Opferstein und lehnt sich an ihn)*. Ja.

(Der Hohepriester biegt ihr den Kopf zurück und hebt das Messer hoch empor.)

MASEJA *(stößt die Priester beiseite und fällt dem Hohenpriester in den Arm)*. Nein!!

(Lärm und Aufregung. Die Wachen stürzen herbei und ergreifen Maseja.)

RUFE. Greift ihn! Greift den Tempelschänder! Steinigt ihn! Steinigt den Fremdling!

DER HOHEPRIESTER *(erhebt die Hand und gebietet Ruhe)*. Fesselt ihn! Er stirbt nach ihr.

STIMMEN AUS DEM VOLK. Er stirbt nach ihr! Er stirbt nach ihr! Tempelschänder! Tempelschänder!

BELSAZAR *(steht auf)*. Fesselt ihn nicht!

(Alles verstummt. Pause.)

BELSAZAR. Ich will mein Spiel haben mit ihm. Er soll sich verantworten. Er soll reden mit euren Priestern. Ich will sehen, wessen Gott größer sei.

DER HOHEPRIESTER. König von Babylon – du lästerst Baal.

BELSAZAR. Fürchtet sich Baal vor einem Fremdling?

DER HOHEPRIESTER. Belsazar, ich bin ein Greis geworden im Dienste Baals. Soll ich streiten um meinen Gott mit einem Knaben?

BELSAZAR. Dich zwinge ich nicht, wenn dir dünkt, dass du zu alt bist. Aber sind nicht unter deinen Priestern solche, die du Knaben nennst? Lass sie streiten mit dem Fremdling um ihre Götter. Baal gegen Jehovah und Jehovah gegen Baal. Und ich will Richter sein über Baal und Jehovah – ich, Belsazar, König von Babylon!

(Alles schweigt. Der Hohepriester legt das Messer hin und geht langsam und sicher auf den Baaltempel zu.)

DER HOHEPRIESTER. Schließt die Tore. Baal soll nicht sehen, wie sein Volk ihn lästert.

(Einige Priester schließen die Tore des Tempels. Der Hohepriester stellt sich davor. Belsazar gibt seinem Kämmerer ein Zeichen.)

DER KÄMMERER. Gebt den Mann frei. Fangt an.

(Die Wachen geben Maseja frei und treten zurück.)

ERSTER PRIESTER *(zum Hohenpriester)*. Großer Vater, was sollen wir tun – was befiehlst du uns?

BELSAZAR *(herrisch)*. Fangt an!

Der Hohepriester. Macht, was ihr wollt. Redet, was ihr wollt. Nur über die Schwelle dieses Tempels kommt niemand – er werde denn zum Mörder an einem Greis!

(Pause.)

Erster Priester. Mann von Juda, verantworte dich. Sieh her – was ist Jehovah gegen Baal? Hat Jehovah solche Macht? Er hat euch ins Joch schleppen lassen. Die Mauern eurer Stadt sind geschleift, und eurer Väter Land ist ein Haufen von Staub und Asche. Uns front ihr. Unsere Diener seid ihr. Ist der Sklaven Gott mächtiger als der Gott der Herren? Sieh um dich: Männer in Waffen stehn vor dem Tempel Baals und wehren jedem, den Fuß zu setzen über die Schwelle, dessen Fuß nicht geheiligt ist. Wo ist Jehovahs Tempel? Wo sind die, die ihn hüten? Rede: Ist Jehovahs Macht größer denn die Macht Baals?

(Maseja schweigt. Pause.)

Zweiter Priester. Niemandes Fuß tritt über die Schwelle des Tempels, dessen Fuß nicht geheiligt ist. Aber wenn du gingst über die Schwelle des Tempels, so schautest du Gold und Silber und edle Steine, dass deine Augen blind würden vor solchem Glanz. Denn deine Augen sind gewohnt zu sehen den Schatz Jehovahs, der arm und ohne Glanz ist, und nicht den Schatz Baals. Wo ist Jehovahs Gold, wo ist sein Silber, und wo sind seine edlen Steine und sein Tempelgerät? Sprich: Ist Jehovahs Reichtum größer denn der Reichtum Baals?

(Maseja schweigt. Pause. Der Mondschein schwindet. Es wird dunkel.)

BELSAZAR. Was brennen die Fackeln so dunkel? Ich will sehn, wie sie ihre Götter aufeinanderhetzen!

DER KÄMMERER. Die Fackeln brennen wie immer. Aber der Mond hat sich verborgen, und von Mitternacht ziehn schwere Wolken herauf.

TYRA *(mystisch erregt)*. Es wird ein Rauch kommen von Mitternacht ...

DRITTER PRIESTER. Mann von Juda, sieh um dich. Um dich herum stehen Priester und Magier, und jedem von ihnen sind tausend Geheimnisse kund, und jeder von ihnen findet ein tausendunderstes. Sie haben alles erkundet in Feuer und Wasser, in Luft und Erde, also dass sie weiser und rätselreicher geworden sind denn all ihre Feinde. Und so ist Baal, der Gott Babylons, weiser und rätselreicher denn Jehovah, der Gott der Juden. Alle Geheimnisse und alle Erkenntnis und alle Weisheit ist bei Baal. Was aber ist Jehovah? Eure Propheten sagen euch nichts, wir ihr könntet hinaus ziehen aus den Mauern Babylons. Eure Propheten sagen, dass ihr sein werdet das erste Volk der Erde. Aber ihr seid das letzte Volk der Erde. Ist das die Weisheit Jehovahs? Rede: Ist Jehovahs Weisheit größer denn die Weisheit Baals?

(Maseja schweigt. Pause.)

TYRA. Es wird ein Stern kommen über Juda ...

Erster Priester. Rede. Was sagen deine Propheten? Wo ist die Weisheit Jehovahs? Ist seine Macht auch im Himmel und auf der Erde?

(In der Mitte des Hintergrundes erscheint am dunklen Nachthimmel ein flammender Stern.)

Stimmen aus dem Volk. Seht, ein Stern ist am Himmel – ein einziger Stern – keiner sonst ist zu sehen – die Nacht ist schwarz wie Pech – es ist ein Wunder –

Tyra *(jubelnd)*. Stern von Juda – rette ihn, hilf ihm, erleuchte ihn – Stern von Juda! …

Maseja. Und wenn ihr alle Weisheit hättet im Himmel und auf der Erde – und hättet der Liebe nicht –

(Waffenlärm und Fanfaren hinter der Szene. Dumpfes Dröhnen an der Außenmauer. Allgemeine Bestürzung. Belsazar erschrickt.)

Rufe. Die Mauer bebt! Sie wird berannt! Waffen in den Gassen!

Tyra *(stürzt auf Maseja zu)*. Maseja!

(Maseja erfasst sie und eilt mit ihr zur Mauer, wo er sich mit ihr an der Strickleiter hochschwingt.)

Stimme des Hauptmanns der Palastwache *(hinter dem kleinen Tor links, an das er dröhnend anklopft)*. Öffnet!

Der Hohepriester. Greift sie! Was gafft ihr auf die Tore?! Greift die Tempelschänder!

(Maseja steht oben mit Tyra und zieht die Strickleiter hoch. Der Waffenlärm ist stärker.)

TYRA *(steht neben Maseja und hebt die Hände zum Stern empor).* Rette uns – rette uns – Stern von Juda!

STIMME DES HAUPTMANNS DER PALASTWACHE. Öffnet! Öffnet!

(Einige Männer vom Gefolge des Königs öffnen ihm. Er stürzt, gefolgt von anderen Palastwachen, auf die Szene.)

DER HAUPTMANN DER PALASTWACHE. Auf! Zu den Waffen! Cyrus, der Perser, ist vor den Mauern! Die Juden öffnen ihm die Tore!

(Fanfaren.)

RUFE. Auf! Zu den Waffen!

DER HOHEPRIESTER. Betet zu Baal! Wehe, wehe über dir, Babylon!

DER HAUPTMANN DER PALASTWACHE. Betet nicht! Betet zu euren Waffen! Es gibt keinen Gott mehr zu Babylon und keinen König mehr zu Babylon! Rennt ihm das Messer in den Leib!

(Er stürzt mit den Wachen die Stufen des Thrones empor und ersticht Belsazar. Alles gerät in wilden Aufruhr und eilt zu den Toren hinaus.)

RUFE. Kein Gott und kein König zu Babylon! Auf! Zu den Waffen!

(Die Szene leert sich. Nur der Hohepriester bleibt an den Toren des Tempels stehen.)

Der Hohepriester. Wehe, wehe über dir, Babylon!

(Oben auf der Mauer kniet Tyra neben Maseja und streckt die zusammengeketteten Hände zum Stern empor. Waffenlärm und Fanfaren. Vorhang.)

DIE NEUNTE STUNDE

Zuerst »Judas Ischariot« genannt.

Am Samstag, den 12. Mai 1912 fing Manfred es an zu schreiben und beendete es Sonntag am 13. Mai 1912. – Lichterfelde-Ost

Handschriftliche Anmerkung in der Erstausgabe, die wir im Nachlass von Manfred Kyber vorgefunden haben. (Anm. des Hrsg.)

Personen

Judas Ischariot.

Astaroth.

Kaiphas.

Ein Bettler.

Ein römischer Hauptmann.

Erster römischer Söldling.

Zweiter römischer Söldling.

Dritter römischer Söldling.

Vierter römischer Söldling.

Fünfter römischer Söldling.

Erster Priester.

Zweiter Priester.

Dritter Priester.

Ein Engel.

Priester und Volk. Soldaten, Reiter und Fußvolk. Henker und Henkersknechte. Gespenster.

Ort der Handlung:
Eine Felsenstraße zwischen Jerusalem und Golgatha.

Zeit der Handlung:
Der Freitag um die neunte Stunde.

(Eine wilde Felsenlandschaft zwischen Jerusalem und Golgatha. Der Weg kommt von rechts und führt zur Mitte, wo man ihn nicht übersieht, da ein großer Felsen davor steht. An diesem Felseneingang eine Bank. Ein Trupp römischer Söldlinge kommt von rechts im Gleichschritt über die Szene. Der erste, zweite und dritte Söldling bleiben zurück und stellen sich am Felseneingang in der Mitte auf. Die anderen gehen durch die Mitte ab.)

ERSTER SÖLDLING. Sie besetzen die Straße, als sei es eine Heerstraße und nicht die Straße zur Richtstätte, als sei's ein Kaiser und kein Schächer, den sie fortgeschleppt haben.

(Fernes Geschrei hinter der Szene.)

ZWEITER SÖLDLING. Sie heulen, als ob sie einen Thron aufrichten und kein Kreuz.

DRITTER SÖLDLING. Ein ekles Volk. Sie heulen ihren Sabbat ein. Heute ist Rüsttag. Morgen ist ihr Sabbat. Es ist ein blutiger Sabbat, den sie feiern.

ERSTER SÖLDLING. Sie feiern auf ihre Weise. Zu Rom sind's freie Kämpfe in der Arena. Hier drängen sie sich um die Schädelstätte und nageln einen Gefesselten ans Kreuz.

ZWEITER SÖLDLING. Rede nicht von Rom. Die Götter wissen, ob wir es wiedersehen. Es ist eine Pestluft hier im Lande. Niemand weiß, ob er ihr entgeht.

Dritter Söldling. Sie feiern, aber sie fürchten sich. Fußvolk und Reiter seit Stunden haben sie aufgeboten für drei arme Sünder. Die ganze Straße von den Toren Jerusalems bis nach Golgatha blitzt in Waffen.

Erster Söldling. Es ist ein Ungreifbares zu Jerusalem. Das fürchten sie. Es sind welche, die sagen, er sei der König der Juden. Sie haben auf eine Tafel geschrieben und haben auf seinem Holz angeschlagen, dass er ist Jesus von Nazareth, der König der Juden.

Zweiter Söldling. Das ist Hohn. Sie glauben es nicht. Sie höhnen ihn vor den Augen alles Volkes. Das ist eine Sitte zu Jerusalem.

Erster Söldling. Sie höhnen ihn und sie fürchten ihn. Es ist Furcht im Hohn, und in der Furcht ist Wahrheit.

Zweiter Söldling. Es sind welche, die sagen, dass er sei ein Sohn des Gottes der Juden. Darum ist's, dass die Priester ihn fürchten.

Dritter Söldling. Ein Priester fürchtet alles in der Welt, nur keine Götter.

Zweiter Söldling. Denkst du an Rom?

Dritter Söldling. Das ist zu Rom wie zu Jerusalem das gleiche.

Erster Söldling. Er ist kein König und ist kein Gott. Wir stehen in Waffen Wache und schwatzen von Ammenmärchen. Er ist ein Mensch. So stark ein Mensch, wie je einer ein Mensch war. Nichts hasst ein Priester mehr als einen Menschen. Wahrlich, ich habe einen solchen Menschen noch nicht gesehn. Sie klagten wider ihn, und er schwieg. Sie geißelten ihn, und er schwieg. Sie stießen ihm ein Zepter von Rohr in die Hand. Sie spien ihn an und krönten ihn mit einem Kranz von Dornen, und er schwieg. Sein Antlitz war bleich. Aber mich deuchte, als seien der Priester Züge noch bleicher gewesen. Denn sie fürchteten den, welchen sie richteten. Wahrlich, ich habe einen solchen Menschen noch nicht gesehen.

ZWEITER SÖLDLING. Sie sagen, er sei ein Essener. Aber der Bund der Essener hat ihm nicht geholfen und sind doch sonst Leute, die allerlei Seltsames sehen und hören und verrichten, wie jene erzählen, die vom Toten Meer kommen.

DRITTER SÖLDLING. Er predigte seinen Gott. Aber sein Gott hat ihm nicht geholfen.

ERSTER SÖLDLING. Er wollte es nicht, dass sein Gott ihm half. Er sagte: ich will trinken den Kelch meines Vaters. Und ist es nicht eine Kraft von einem Gott, zu schweigen da, wo keiner geschwiegen hätte, so viele ich foltern sah zu Rom und zu Jerusalem.

DRITTER SÖLDLING. Was kümmert es uns, welchen dies Volk schlachtet und zu welchem es betet!

ZWEITER SÖLDLING. Sie sagen, er war ein Gott und eines Menschen Sohn. Es ist ein Rätsel.

FERNE RUFE. Kreuziget – kreuziget ihn – König – König – König der Juden! …

(Judas Ischariot schleicht links aus den Felsen hervor. Er hält einen Beutel mit den Silberlingen in der

Hand und schüttelt ihn irre hin und her. Die Münzen darin klirren.)

DRITTER SÖLDLING. Was für ein Scheusal schleicht da an den Felsen entlang? Ein Schatten aus der Unterwelt am hellen Tage!

ERSTER SÖLDLING. Er hat Augen wie ein wildes Tier, das im Sterben ist.

FERNE RUFE. König – König – König der Juden! …

JUDAS *(mit erstickter Stimme).* Was schreien sie? … Sie kreuzigen ihn … Kreuzigt ihn nicht … Kreuzigt ihn nicht! Es ist euer Fleisch, in das ihr die Nägel bohrt … Es ist das Holz der Bundeslade, das ihr auf dem Richtacker aufpflanzt …

ZWEITER SÖLDLING *(tritt Judas mit vorgehaltener Lanze entgegen).* Halt! Wohin des Wegs? Steh Rede!

JUDAS. Stich zu. Es ist gut, wenn du zustichst. Mein Leib muss faulen, seit er über den Bach Kidron ging zu Gethsemane. Es ist besser, tot zu faulen als zu faulen lebendig. Es war Nacht damals. Nun ist es Tag geworden. Ich war blind. Nun sehe ich. Aber nun ich sehe, wollte ich, ich hätte keine Augen. Die Augen, die so sehen, müssen die Raben auf dem Felde fressen.

DRITTER SÖLDLING. Er ist betrunken oder ein Narr!

ERSTER SÖLDLING. Geh zurück zur Stadt. Diese Straße darf niemand mehr betreten bis zur neunten Stunde. Es ist schon genug Volks zu Golgatha, um zu gaffen.

JUDAS *(erschrickt).* Was ist das für ein Weg, sagst du?

DRITTER SÖLDLING. Das ist der Weg nach Golgatha. Sie heulen und sie kreuzigen euren König. Pack dich fort!

JUDAS. Nein – da geh ich nicht – da geh ich nicht hin. Ich will hier warten. Ich will Kaiphas sehn, den Hohenpriester. Ich will ihm geben das Geld in meinem Sack.

(Er klirrt mit den Münzen.)

Es brennt, das Geld – es sticht in die Augen – es schmerzt – es bohrt sich gleich Nägeln ins Fleisch, gleich Nägeln – ich will es los sein – ich muss es los sein.

(Er kauert sich hin und wühlt im Sack.)

Dreißig Silberlinge … dreißig Silberlinge … Es ist wenig für einen Gott. Es ist wenig für eines Gottes Sohn, ihr Herren vom Tempel! …

ASTAROTHS STIMME *(hinter den Felsen).* Judas – Judas Ischariot – komm fort von hier …

JUDAS. Bist du wieder da? Dirne! Ich will dich nicht. Geh weg! Ich muss alleine sein. Ganz allein. Hörst du nicht?

DRITTER SÖLDLING. Es scheint, er hat ein Weibsbild mitgebracht. Der Narr hat eine Liebste.

(Astaroth tritt hinter dem Felsen hervor und nähert sich Judas.)

ZWEITER SÖLDLING. Bei Jupiter! Des Narren Liebchen ist schön! Ich glaub eher, sie läuft seinem Geldsack nach als ihm.

DRITTER SÖLDLING. Wir wollen ihm den Beutel plündern. Dann läuft sie uns nach. Sie ist keine Jüdin. Sie sieht aus wie die Weiber von Arabien.

ASTAROTH. Komm fort, Judas. Du bist krank. Ich sehe es, dass du krank bist. Komm zu mir. Ich werde dich pflegen. Aber nimm das Geld nicht mit. Mir graut davor.

DRITTER SÖLDLING *(nähert sich Judas)*. Heh! Gib das Geld her!

JUDAS *(hält den Beutel krampfhaft)*. Nein – nein – nein! Fass es nicht an. Es ist Tempelgeld, hörst du.

ZWEITER SÖLDLING. Wir können auch heiliges Geld brauchen. Gib her! Dreißig Silberlinge sind es, hast du gesagt – auf jeden zehn.

DRITTER SÖLDLING. Her damit! Mach schnell und pack dich fort!

(Ein Bettler kommt durch die Mitte gelaufen. Er hat keine Hände und reibt die Stümpfe erschöpft und erregt aneinander.)

DER BETTLER. Ihr kriegt das Geld nicht. Lasst das Geld sein. Es ist ein sonderbares Geld. Es muss dahin, von wannen es kam.

DRITTER SÖLDLING *(wendet sich wütend um)*. Noch ein Narr! Wir haben deren genug! Schlag ihn tot!

ERSTER SÖLDLING. Er ist ein Krüppel. Er ist wahnsinnig. Wahnsinnig ist heilig.

ZWEITER SÖLDLING. Ich kenne ihn. Er sieht Verborgenes und kann künftige Dinge sagen.

DRITTER SÖLDLING. Heh! Schau her! Was ist im Beutel, wenn du durch Leder sehen kannst?

DER BETTLER. Dreißig Silberlinge. Dreißig Silberlinge. Damit das Wort erfüllet wird …

DRITTER SÖLDLING. Der kann mehr als betteln. Sag mir die Zukunft, Krüppel ! Ich schenke dir den Beutel. Es ist gleich, wer von zwei Narren das Geld hat.

(Er greift nach dem Beutel.)

JUDAS. Nein – lass mich ! Lass das Geld. Es ist des Tempels Geld. Hörst du nicht ? Ich warte auf Kaiphas.

ASTAROTH. Gib es den Armen, nicht dem Tempel. Gib es den Armen. Denke, dass du sühnen musst.

JUDAS. Darum soll es in den Tempel.

ASTAROTH. Niemand sühnt durch den Tempel und durch die Priester. Niemand sühnt denn durch Erbarmen.

JUDAS. Was redest du da ? Schwätzerin ! Seit wann predigen die Huren ? Du lebst in einem geächteten Haus, und deine Gasse ist verrufen. Ist da Liebe, wo man sie verkauft ?

ASTAROTH. Verkauft wird in verrufenen Gassen wie im Tempel. Aber dir hab ich Liebe nicht verkauft.

(Der dritte Söldling will sich auf Judas stürzen, um ihm den Beutel gewaltsam abzunehmen. Der erste Söldling hält ihn zurück.)

ERSTER SÖLDLING. Sieh dich vor. Wir können in böse Händel kommen. Der Mann sagt, es sei Tempelgut. Mag's wahr sein oder erlogen: es ist gegen unsere Ordnung.

Astaroth. Dir hab ich Liebe nicht verkauft. Dir hab ich Liebe geschenkt, wie du mir Liebe schenktest. Die Liebe einer Dirne ist besser als ein Schatz im Tempel.

Zweiter Söldling. Es ist gut, schöne Frau, dass dich der Hohepriester nicht hört. Sie nagelten noch eine ans Kreuz, um ihren Sabbat zu feiern.

Der Bettler. Es ist bei den Dirnen mehr Erbarmen als bei den Priestern.

Dritter Söldling *(packt Judas)*. Mach's kurz und gib her!

(Er entreißt ihm den Beutel und wirft ihn dem Bettler zu.)

Fang's mit den Zähnen auf und bedank dich!

Der Bettler *(streckt abwehrend die Stümpfe entgegen)*. Bring das Geld nicht an meinen Körper. Er ist verstümmelt genug. Das Geld wird ihn verbrennen. Es ist rot und flammt. Es ist rot und brennt. Es ist blutig – dreißig blutige Silberlinge …

Astaroth. Du bist arm und krank. Willst du nicht das Geld nehmen?

Der Bettler. Ich bin arm und krank, und ich will das Geld nicht nehmen. Denn ich sehe es. Es schimmert rot durch den Beutel. Es ist kein Silber mehr. Es ist Blut. Ich sehe es deutlich. Keine Armen und Kranken werden das Geld nehmen, du magst es ausbieten auf offenem Markt. Es muss in den Tempel zurück. Denn vom Tempel kam es.

Judas *(angstvoll)*. Hast du das gesehn?

DER BETTLER. Ich habe mehr als das gesehen. Ich habe gesessen am Kreuze des Königs der Juden.

(Judas birgt erschauernd das Gesicht in den Händen. Astaroth tritt näher an ihn heran. Die Söldlinge nähern sich dem Bettler, der sich auf dem Boden niedergekauert hat, und hören ihm mit gespannter Aufmerksamkeit zu.)

DER BETTLER. Ich habe am Kreuze des Königs der Juden gesessen und habe gesehen mit inneren Augen. Ich habe mehr gesehen, als die anderen sahn. Ich habe gesehen das Grauen, das alle sahn, auf das alle gafften. Aber ich habe gesehen das, was über dem Grauen war. Ich kann meine Hände nicht falten. Man hat sie abgehackt, denn ich habe gestohlen, weil ich hungrig war. Aber ich habe die Stümpfe zusammengelegt und habe aufgesehen zu dem, der am Kreuze hing: erbarme dich du über mich – du, über den sich niemand erbarmt hat – erbarme dich – erbarme dich! Da habe ich einen Strahl gesehn in den Augen, die erloschen, und ein Lächeln auf den Lippen, die verblassten. Da habe ich gewusst, dass es ein Erbarmen gibt über alles Erbarmen hinaus. Und es steht ein Tempel über allen Tempeln Jerusalems. Aber seine Pforten werden sich nicht öffnen, bis dass alle die Tempel zerfallen sind und bis dass der Letzte sich erbarme des Allerletzten! ...

ASTAROTH. Es ist zu spät. Zu spät. Komm fort von hier, Judas Ischariot.

Der Bettler *(reckt seine Armstümpfe gegen Judas aus).* Du bist Judas Ischariot. Ich sah dich. Ich sah dich lange vorher. Ich sah, wie du trankst an der Brust einer Mutter, und sie küsste dich. Du bist, der verriet mit einem Kuss. Ich sah dich, wie du mit ihm gingst, einer von den Zwölfen. Ich sah dich, wie du von ihm gingst, einer von den Zwölfen. Einer von Zwölfen musste es sein. Du bist Judas Ischariot. Du bist, der den verriet, der mit erloschnen Augen segnete, der mit verblassten Lippen lächelte, mitten in der Marter des Kreuzes – weil ihn ein Krüppel, ein verstümmelter Dieb, um Erbarmen bat mit den Stümpfen seiner Hände! ... Darum war dein Geld so rot. Darum flammte und brannte es, ohne zu leuchten. Dreißig Silberlinge, Judas Ischariot. Dreißig Silberlinge. Du bist reich, Judas Ischariot. Du kannst einen Acker kaufen und darauf ernten. Was wirst du darauf ernten, Judas Ischariot?

Judas. Fort mit dem Geld! Fort mit dem Geld! In den Tempel! In den Tempel!

Der Bettler *(stößt Judas den Beutel mit dem Fuße zu. Einige Münzen fallen heraus).* Nimm es. Bringe es in den Tempel. Der Tempel wird einen Acker kaufen und wird ernten. So steht es geschrieben. Alle Tempel werden von dem Acker ernten. Blutige Ernte wird aufgehen, bis dass alle Ernte aller Tempel vernichtet ist und der Letzte der Menschen sich des Allerletzten erbarme. Es ist ein weiter Weg bis dahin. Tausend und abertausend

Leben – und viele Tempel werden ihren Acker bauen und ihre blutige Ernte halten.

ERSTER SÖLDLING. Der Mann redet seltsam. Er hat mehr gesehn, als Menschen sonst sehn. Mich fröstelt.

ZWEITER SÖLDLING. Es ist kalt und Abend geworden. Die neunte Stunde ist nahe.

DER BETTLER. Dann wird sich der Tempel dessen auftun, der am Kreuze hing. Die anderen Tempel aber werden zerfallen. Denn es gibt keinen Tempel, denn den, dessen Weg durch keinen Tempel führt, dessen Weg allein führt durch das Erbarmen des Ersten mit dem Letzten und des Letzten mit dem Allerletzten. Dessen Tore sich öffnen dem, der sich eines armseligen Tieres erbarmt auf staubigem Wege, der Verlorenen und der Vergessenen, aber keinem, der einen Wurm zertritt an den Stufen seines Tempels.

JUDAS *(hat das Geld zusammengerafft; heiser).* Es soll in den Tempel, in den Tempel. Denn es kam vom Tempel. Erbarmen – Erbarmen! ...

DER BETTLER. Bitte nicht um Erbarmen, Judas Ischariot. Sühne – sühne, Judas Ischariot!

JUDAS. Es würgt mich. Ich will sterben.

ASTAROTH. Du sollst leben, Judas. Komm mit mir, Judas.

DER BETTLER. Du wirst sterben, und du wirst leben. Tausend Tode wirst du sterben, und tausend Leben wirst du leben. Du wirst leben, und du wirst sühnen, Judas Ischariot. Durch tausend und abertausend Leben wirst du leben und sühnen – in der verdurstenden Pflanze, im getretenen Wurm, im gepeinigten Tier, im Jammer des Weibes und in der Verzweiflung des Mannes – bis du alle Schmerzen kennst und dich aller Schmerzen erbarmest. Sühne, sühne, Judas Ischariot!

(Er droht Judas mit den Stümpfen seiner Arme und geht langsam hinter die Felsen.)

ASTAROTH. Ich will mit dir sühnen, Judas Ischariot.

JUDAS. Lass mich. Ich will zu Kaiphas. Wo ist Kaiphas? Er soll sein Geld wiedernehmen. Es soll zurück in den Tempel.

DER BETTLER *(erscheint oben auf den Felsen)*. Kaiphas kommt. Gib ihm des Tempels Geld wieder. Es wird wuchern und sich mehren in allen Tempeln. Kaiphas kommt. Die neunte Stunde ist vorüber.

(Stimmengewirr und Trompetensignale hinter der Szene.)

JUDAS. Die neunte Stunde ist vorüber. Du hast es vollbracht, Jesus von Nazareth.

(Römische Soldaten erscheinen im Gleichschritt in der Mitte am Wegeingang und gehen nach rechts über die Szene ab. Der erste, zweite und dritte Söldling schließen sich ihnen an. Ihnen folgen römische Soldaten, Reiter und Fußvolk, Priester – unter ihnen Kaiphas – Volk, Henker und Henkersknechte. Stimmengewirr. Wie Judas Kaiphas erblickt, eilt er auf ihn zu und hält ihm den Beutel hin. Der Zug kommt ins Stocken. Soldaten, Priester, Volk und Henker sammeln sich um Kaiphas.)

JUDAS. Nimm dein Geld wieder, Kaiphas. Denn ich habe unschuldig Blut verraten.

KAIPHAS *(wendet sich ab)*. Da siehe du zu.

(Kaiphas verlässt die Szene. Judas wendet sich zu einigen Priestern, die stehen geblieben sind und ihn betrachten. Der ganze Zug der anderen geht indessen, Kaiphas folgend, hinter der Gruppe der Priester vorüber.)

JUDAS *(drohend)*. Es kommt vom Tempel. Es soll in den Tempel wiederkehren!

(Er schüttelt den Beutel vor den Augen der Priester.)

ERSTER PRIESTER. Es ist nicht recht, dem Tempel Geld abzuweisen. Er will es dem Tempel geben. Lasst es uns nehmen.

(Er nimmt den Beutel.)

ZWEITER PRIESTER. Es ist Blutgeld.

ERSTER PRIESTER. Blutgeld oder nicht. Dächten wir also – es läge viel Blut im Opferstock.

DRITTER PRIESTER. Lasst es uns nicht in den Opferstock legen. Es ist gegen den Willen des Hohenpriesters. Wie sollen wir ja sagen, wenn er nein sagte. Aber lasst uns den Töpfersacker darum kaufen zum Begräbnis der Pilger.

DER BETTLER *(oben auf der höchsten Felsspitze)*. Auf dass das Wort erfüllet werde: sie haben genommen dreißig Silberlinge, damit bezahlet war der Verkaufte, welchen sie kauften von den Kindern Israel, und haben sie gegeben um den Töpfersacker – –

(Der Zug kommt ins Stocken. Alles sehen hinauf.)

ERSTER PRIESTER. Wer faselt da? Holt den Krüppel herunter!

DER BETTLER. Wie es geschrieben steht im Buche Sacharja ...

DRITTER PRIESTER. Ein Schriftgelehrter in Lumpen! Was krächzest du wie ein Rabe auf dem Ast? Woher kommt dir solche Weisheit? Was schreist du von einem Buche? Wir sehen kein Buch!

(Gelächter im Volk.)

DER BETTLER. Das Buch ist vor mir aufgeschlagen. Aber ihr seht es nicht. Das Buch ist vor mir aufgeschlagen, und ich lese darin, und seine Worte stehn drohend über Jerusalem und über seinem Tempel. Ich halte das Buch in meinen Händen ...

(Er hebt seine Armstümpfe empor. Gelächter.)

RUFE. Seine Hände! Seht die schönen Hände! Sie sind abgehackt wie sein Verstand!

DER BETTLER. Ihr seht sie nicht. Aber die Hände sind da. Viele, viele Hände sind da, die ihr nicht seht. Viele, viele Hände sind am Werk, die ihr nicht seht. Denn es ist finster in euch und wird finster um euch werden. Viele Hände sind am Werk zu Jerusalem, und viele Hände sind am Werk im Tempel zu Jerusalem. Sie zerren am Vorhang. Am Tempelvorhang zerren sie. Er zerreißt. Mitten in zwei Teile zerreißt er. Denn es ist die neunte Stunde – die neunte Stunde!

(Ein krachender Donnerschlag. Das Volk läuft aufgeregt durcheinander. Es wird finster. Blitze und Donner. Aus dem Wegeingang in der Mitte der Szene flüchten Menschen.)

RUFE. Seht! Seht! Schatten in den Klüften – scheußliche Schatten! Die Erde bebt und tut sich auf! Schatten – scheußliche Schatten!

(Ein fahles Licht erhellt den hinteren Felsenrücken. Man sieht Gespenster eilig vorbeiziehen. Die Gerippe leuchten unter zerfetzten und vermoderten Gewändern.)

DER BETTLER. Und die Gräber werden sich auftun und ihre Toten ausspeien …

ERSTER PRIESTER. Es ist Kischuph. Sie beschwören ihre Satanim.

ZWEITER PRIESTER. Das ist mehr als schwarze Kunst. Das ist mehr als je war und je sein wird.

RUFE. Entsetzen! Rettet euch! Es sind welche unter uns – Schatten – Gerippe – es greift nach uns mit Knochenfingern – Totenhände – Totenhände!! …

(Unter der Menge tauchen Gespenster auf. Alles flüchtet. Ein römischer Söldling sticht mit der Lanze nach einer der Erscheinungen. Die Lanze zerbricht.)

VIERTER SÖLDLING. Die Lanze ist zerbrochen. Stecht nicht. Rettet euch.

FÜNFTER SÖLDLING. Es sind Lemuren. Die Erde ist in Aufruhr.

(Aufruhr. Blitze und Donner verstärken sich. Die letzten eilen von der Szene. In der allgemeinen Flucht ruft)

EIN RÖMISCHER HAUPTMANN. Wahrlich, dieser ist stärker als der Tod und ist wahrlich Gottes Sohn gewesen.

(Alles ist geflüchtet. Auch der Bettler ist hinter den Felsen verschwunden. Die Szene ist leer bis auf Judas und Astaroth. Blitze und Donner haben nachgelassen. Es ist halbdunkel. Judas ist auf der Bank am Mitteleingang zusammengebrochen.)

ASTAROTH. Komm mit mir, Judas Ischariot.

JUDAS. Was sagst du? Weißt du, was du sagst? Sahst du nicht die Blitze? Hörtest du nicht den Donner? Hörtest du nicht das Beben der Erde? Graut dir nicht? Sahst du nicht, wie die Toten mit Händen griffen und die Lebenden flohen? Fliehe auch.

ASTAROTH. Ich fürchte mich nicht. Es ist etwas in mir, das ist stärker als die Furcht. Ich bleibe bei dir.

JUDAS. Weißt du, bei wem du bleibst? Es ist besser, du wärest allein und verlassen und verworfen, denn bei mir. Es ist besser, du wärest in deinem geächteten Hause und in deiner verrufenen Gasse, denn bei mir. Weißt du das?

ASTAROTH. Das weiß ich.

JUDAS. Weißt du, dass du nicht allein bist mit mir, wenn du bei mir bist? Weißt du, dass hundert Schatten um mich lauern, hundert tote Mäuler mich angrinsen, hundert Hände des Grauens nach mir greifen? Das Scheußlichste, das die Erde ausspeit, ist um mich, und all das Scheußliche, das um mich ist, ist nicht so scheußlich als ich. Siehst du das? Weißt du das?

ASTAROTH. Das weiß ich.

JUDAS *(auffahrend)*. Weib, bist du von Sinnen? Weißt du nicht, wer ich bin? Weißt du nicht, wen du im Arm gehalten hast in deinen Liebesnächten? Weißt du nicht, dass ich einen Menschen verriet, dass ich den verriet, der mich am meisten liebte von allen Menschen? Nein – nein – keinen Menschen verriet ich, keinen Menschen! Weißt du, wen ich verriet? Sieh um dich! Frage alle! Sieh auf alle! Die Pflanzen welken, die wilden Tiere heulen vor Jammer, Jerusalem zittert, und die Toten stehen auf. Einen Gott verriet ich! Weib, hörst du?! Gellen dir die Ohren nicht vor Entsetzen? Einen Gott verriet ich – meinen Gott – den Gott meiner Väter!..

ASTAROTH. Das weiß ich. Komm mit mir, Judas Ischariot.

JUDAS *(weich)*. Astaroth, du weißt nicht, was du sprichst. Sieh, du hast mir Liebe geschenkt, nicht Liebe verkauft. Daran will ich denken. Geh von mir, Astaroth, geh von mir. Siehe, du sprichst zu mir von Liebe und denkst meiner Küsse. Sprich nicht von Liebe und denke meiner Küsse nicht. Denke, dass ich ihn verriet mit einem Kuss – mit dem Zeichen der Liebe ......

ASTAROTH *(schüttelt den Kopf).* Ich liebe dich, Judas. Wie soll ich von dir gehen? Ich muss mit dir gehen. Dein Weg ist mein Weg.

JUDAS. Hast du nicht gehört, was jener schreckliche Krüppel rief: mein Weg sind tausend Leben – ich werde leben im Durst der Pflanze, in der Qual des Tieres, im Jammer des Weibes und in der Verzweiflung des Mannes –

ASTAROTH. Ich will mit dir leben tausend Leben.

JUDAS. Tausend Leben werde ich leben, und tausend Tode werde ich sterben. Höre – höre – tausend Tode – geh.

ASTAROTH. Ich will mit dir sterben tausend Tode.

JUDAS. Weib, ich werde leben schlimmer denn zu sterben, und ich werde sterben schlimmer denn also zu leben – und werde sühnen, sühnen – zeitenlos – bis dass sich der Letzte des Allerletzten erbarme.

ASTAROTH. Dann werde ich mich dein erbarmen.

JUDAS *(erschüttert).* Weib, wer bist du, dass du also sprechen kannst? Wer bist du?

ASTAROTH. Was fragst du, Judas Ischariot? Weißt du es nicht? Es ist nichts. Ich bin eine Frau.

(Es wird plötzlich dunkler. Lang anhaltendes, dumpfes Grollen in der Erde. Der Felsen in der Mitte berstet in zwei Teile. Blitze und Donner. Zwischen dem geborstenen Felsen hindurch erblickt man im blendenden Licht der Blitze in weiter Ferne Golgatha mit den drei Kreuzen.)

JUDAS. Sahst du, wie der Felsen barst?! Sahst du das, was dazwischen war?! Sahst du das?! Sahst du das?!

(Neue Blitze erleuchten die Kreuze.)

JUDAS *(bindet sich den Strick seines Gewandes los).* Es schreit – es schreit – mit allen Stimmen des Grauens schreit es!! Ich komme – ich komme – ich komme – Jesus von Nazareth!!

(Er stürzt hinter die Felsen. Blitze. Donner.)

ASTAROTH *(eilt ihm nach und sucht an den Felsen entlang, ohne ihn zu finden).* Judas – Judas – Judas Ischariot!

(Sturm, Blitze und Donner.)

JUDAS *(hinter der Szene, von ferne).* Ich komme – ich komme – ich komme –

ASTAROTH. Judas – Judas – Judas Ischariot!

(Gespenster huschen an den Felsen entlang. Von allen Seiten ertönen durcheinander krächzende und höhnende)

RUFE. Judas – Judas – Judas Ischariot – Judas – Judas – Judas Ischariot – – – –

(Heulender Sturm, Blitze und Donner. Astaroth bricht am Boden neben der Steinbank zusammen. Pause. Blitze und Donner hören allmählich auf. Es wird etwas heller. Der Bettler erscheint aus den Felsen und schleicht leise und traurig an Astaroth vorbei.)

ASTAROTH *(packt den Bettler am Gewande).* Du – rede – du siehst alles. Sahst du Judas? Ich suche Judas Ischariot!

Der Bettler. Suche Judas nicht. Er hängt hoch an einem Baum, da, wo der Fels am höchsten ist, und er wird fallen dahin, wo es am tiefsten ist. Die Raben kreisen um ihn.

Astaroth *(schluchzend)*. Erbarmen – Erbarmen ! ! …

(Flehend zum Bettler gewandt)

Siehst du nirgends ein Erbarmen ?

Der Bettler *(macht eine hilflose Bewegung mit den Armstümpfen; leise und traurig)*. Ich sehe kein Erbarmen auf dieser Welt.

(Der Bettler geht langsam fort. Pause.)

Ein Engel *(tritt aus dem Wegeingang in der Mitte. Er hat ein einfaches Frauengewand um. Man sieht seine Flügel nicht. Er fasst Astaroth leise an der Schulter an)*. Friede sei mit dir, Astaroth !

Astaroth. Wer bist du, die so grüßt in der Stunde des Grauens ?

Der Engel. Was fragst du ? Es ist nichts. Ich bin eine Frau.

Astaroth. Du weißt nicht, wer ich bin. Sonst redet eine Frau nicht mit mir. Ich bin eine Dirne.

Der Engel. Das weiß ich.

Astaroth. Ich bin keine von deinem Volk. Ich bin eine Fremde.

Der Engel. Das weiß ich.

Astaroth. Ich habe nicht deinen Gott. Was erbarmst du dich meiner ? Ich habe nicht deinen Gott.

Der Engel. Das weiß ich. Friede sei mit dir, Astaroth.

ASTAROTH *(gequält)*. Sei nicht gut zu mir. Ich liebe den, der deinen Gott verriet. Warum kommst du zu mir?

DER ENGEL *(fasst Astaroth an beiden Händen und richtet sie halb auf)*. Ich komme zu dir, um dir Frieden zu bringen. Frieden und Erbarmen. Auf dass sich einst der Letzte des Allerletzten erbarme. Friede sei mit dir, Astaroth.

,ASTAROTH. Von wannen kommst du, dass du solchen Frieden bringst?

(Ein gedämpftes goldenes Dämmerlicht fällt auf den Engel und Astaroth und beleuchtet in der Ferne die drei Kreuze, die in verklärtem Goldton wieder sichtbar werden.)

DER ENGEL *(breitet die Schwingen aus und macht mit der Hand das Zeichen des Kreuzes über Astaroth)*. Friede sei mit dir. Ich komme von Golgatha.

(Vorhang.)

DER KELCH VON AVALON

Geschrieben am 5. & 6. August, beendet
am 7. August 1912 um ½ 7 Uhr abends.
Lichterfelde-Ost

Handschriftliche Anmerkung in der Erstausgabe, die wir im
Nachlass von Manfred Kyber vorgefunden haben.
(Anm. des Hrsg.)

Personen

Ywain.

Galeard.

Caradoc Amoral von Wales.

Hector des Mares.

Lancelot.

Dinadein.

Baort.

Driam.

Bliomberis.

Gabereit.

Gauwain.

Perceval.

Artus.

Ein Halbtier.

Ort der Handlung:
Das Heiligtum der Insel Avalon.

Zeit der Handlung:
6. Jahrhundert n. Chr.

(Der Tempel der Brüder vom Kelche zu Avalon. Eine Halle, in deren Hintergrunde auf erhöhtem Postament ein runder Tisch steht, mit einem weißen Leinen bedeckt. Das Postament ist rund und wird im hinteren Halbkreis von sieben Säulen flankiert, die eine Halbkugel tragen. Zu dem Postament führen drei Stufen hinauf. Vierzehn weiße Stühle stehen um den Tisch. An den Seitenwänden, in halber Tiefe der Bühne, stehen zwei große siebenarmige Leuchter, in deren Spitzen kleine Ölflammen brennen. Rechts vorn ein Tor. Links ein Eichbaum, im Tempel eingebaut. Davor ein Stein und, an drei Stäben hängend, ein Kessel, mit Mistelzweigen umwunden. Der ganze Tempel und die Einrichtung sind von allergrößter Einfachheit. Es ist Abend. Galeard sitzt auf dem Stein, angetan mit einem weißen Mantel, auf dessen linker Brustseite ein goldenes Pentagramm gestickt ist. Artus kniet vor ihm, ohne Mantel.)

GALEARD. Artus, Sohn Uthyrs und der Ingerna, rede, wie fandest du die gläserne Insel?

ARTUS. Hundertmal stieß ich den Nachen ab zur Fahrt, die mein Vater fuhr. Ich sah Wasser, Luft und Erde. Es war keine Erde, die gläsern war. Es war kein Ufer, das Mistelzweige trug. Und der Wind verwehte das Kielwasser von meines Vaters Nachen.

GALEARD. Das ist der erste Weg. Der erste Weg ist uferlos. Rede weiter.

ARTUS. Als die Flammen loderten um meines Vaters Holzstoß, da stieß ich den Nachen ab zum hundertundersten Mal. Die See war wild. Es war Sturm über ihr, und es war Sturm in mir. Da sah ich auf und sah ein Kielwasser, ob ich gleich keinen Nachen mehr sah. Da griff ich das Steuer und wandte den Nachen in das Kielwasser. Das Kielwasser war ruhig, und der Kahn glitt darin wie in einer Wiege, mitten im Sturme.

GALEARD. Das ist der zweite Weg. Der zweite Weg führt zum Ufer. Rede weiter.

ARTUS. Am Ufer stand Ceridwens Eiche, und drei Mistelzweige wuchsen auf ihr. Da brach ich drei Mistelzweige im Namen der Drei, wie es mein Vater mich lehrte. Die Mistelzweige aber bebten in meiner Hand und wiesen bebend nach Osten. Da war mir, als sähe ich durch Fels und Fluren wie durch Glas. Und sah einen Tempel gen Osten stehen. Seine Tore aber waren offen, und eine gläserne Glocke rief zu seinen Toren.

GALEARD. Das ist der dritte Weg. Der dritte Weg führt vom Ufer zum Tempel. Du bist im Sturm gefahren und fandest das stille Kielwasser. Du bist am Ufer gelandet und fandest den Mistelzweig am Stamm der ewigen Eiche. Das war der dritte Weg. Als du den dritten Weg gingst, flammte dein Name auf unter den sieben Säulen, da, wo deines Vaters Name erlosch, als der Rufer ihn rief. Nun schloss sich das Tor des Tempels hinter dir, und du stehst vor der Stunde der Einweihung, zu trinken aus dem Kelche des Lebens. Sei willkommen, Bruder vom Kelche.

ARTUS. Noch bin ich fremd in diesem Tempel. Weihe mich ein.

GALEARD. Das ist die Lehre: frage. Nur wer fragt, wird geweiht.

ARTUS. Wie soll der richtig fragen, der vor lauter Rätseln steht?

GALEARD. Das ist die Lehre: wer recht suchte, findet recht – wer recht suchte, fragt recht.

ARTUS. Weise mir das Wunder des Kessels.

GALEARD. Sieh hinab. Ewig kocht der Kessel der Ceridwen. Alles Leben und alles Sterben kocht in ihm. Schau her.

(Er wirft einen Mistelzweig in den Kessel; aus dem Kessel steigen Dämpfe auf.)

Seine Dämpfe steigen auf, wenn ihre Stunde da ist. Seine Dämpfe sind giftig. Aber sie steigen auf zu ihrer Stunde und steigen zu den Sternen. Ihre Stunde ist, wenn der Mistelzweig in den kochenden Kessel fällt. Unheilig ist alles, was im Kessel kocht, von Anbeginn. Nur drei Tropfen sind heilig. Drei Tropfen vom Kessel der Ceridwen führen all seinen unheiligen Odem einst geheiligt über die Sterne. Aus dem Kessel erwuchs die Eiche – aus den drei Tropfen der Mistelzweig an ihrem Stamm.

(Er wirft einen neuen Mistelzweig hinein; aus dem Kessel steigen wieder Dämpfe empor.)

Schau in seine Dämpfe. Du erschaust alles, als wäre es von Glas. Darum heißt Avalon die gläserne Insel. Denn du schaust, was in den Dingen ist, und lernte sie nennen bei den Namen ihres Wesens. Du siehst die Säfte im Baum steigen und fallen, du siehst die Wurzeln trinken und sterben, du siehst die Blätter erwachen und erlöschen. Der Baum des Lebens wurzelt tief im kochenden Kessel und greift hoch nach den Sternen mit sehnsüchtigen Armen. Er erreichte die Sterne nie, wenn der Mistelzweig an ihm nicht erblühte. Siehst du es, Bruder vom Kelche?

ARTUS. Ich sehe es. Ich sehe, wie es kocht und kämpft im Baum. Ich sehe drei Tropfen am Mistelzweig. Die Tropfen sind rot wie Blut.

GALEARD. Alles Sehen liegt im Kessel. Es ist nur der Anfang. Denn alles Erkennen liegt im Kelche.

ARTUS. Dann weise mir das Wunder des Kelches.

GALEARD. Ich wies dir, was ich weisen kann. Das Wunder des Kelches musst du leben. Sehen kann man lernen im Kessel, erkennen kann man nur im Kelche. Du wirst noch heute erkennen, Bruder vom Kelche.

(Eine gläserne Glocke beginnt zu läuten. Aus dem Halbdunkel hinter dem Postament treten in langsamem, feierlichem Zuge Ywain, Caradoc Amoral von Wales, Hector des Mares, Lancelot, Dinadein, Baort, Driam, Bliomberis, Gabereit, Gauwain und Perceval. Ywain trägt einen verhüllten Kelch. Einer der Brüder vom Kelche trägt hinter Ywain einen weißen Druidenstab mit goldenen Ru-

nen. Alle gehen zum Tische, auf den der verhüllte Kelch und der Stab gestellt werden. Mit dem Augenblick, wo der Kelch auf den Tisch gestellt wird, verstummt die gläserne Glocke.)

GALEARD. Ywain, der du den Stab führst die siebente Nacht, seit König Uthyr Pendragon heimging nach Sommerland – ich bringe den Dreizehnten, den ich empfing am Tore des Tempels, als er sich auftat nach Osten. Ich bringe Artus, König Uthyrs und der Ingerna Sohn. Er ist der Dreizehnte.

YWAIN. Ging er drei Wege?

GALEARD. Drei Wege ging er.

YWAIN. Brach er drei Zweige?

GALEARD. Drei Zweige brach er.

YWAIN. Sah er drei Tropfen?

GALEARD. Drei Tropfen sah er vom Kessel der Ceridwen.

YWAIN. Wann kam er?

GALEARD. In der siebenten Stunde der siebenten Nacht.

YWAIN. Wessen Name stand unter den sieben Säulen?

GALEARD. Sein Name.

YWAIN. Sei willkommen, Bruder vom Kelche.

(Er küsst Artus auf die Stirn.)

Sei dir und dem Eide treu. Nicht dir allein. Nicht dem Eide allein. Dir und dem Eide sei treu.

(Einer der Brüder reicht Ywain einen weißen Mantel, der gleich den Mänteln aller Brüder vom Kelche ein goldenes Pentagramm auf der linken Brustseite hat. Ywain nimmt den Mantel und legt ihn Artus um.)

YWAIN. Ich tue dir um den weißen Mantel der Brüder vom Kelche. Galeard vom Kessel, rede die Regel – wie ist sein Mantel?

GALEARD. Nicht zu kurz und nicht zu lang. Nach der Regel der Brüder vom Kelche.

YWAIN. Vor welchem Zeichen soll er knien?

GALEARD. Vor dem Zeichen des Kreuzes.

(Ywain schlägt das Kreuz, und Artus kniet vor ihm nieder.)

YWAIN. Nun hast du Stuhlrecht unter den Stühlen der Dreizehn, Bruder vom Kelche. Halte den Mantel weiß und die Fünf golden, dass aus Fünfen Drei werde, wenn der Rufer dich ruft ins Tal von Sommerland.

(Artus erhebt sich und stellt sich zu den übrigen.)

YWAIN. Dreizehn sind es gewesen. Zwölf waren es, als König Uthyrs Rufer rief. Dreizehn sind es wieder geworden. Dreizehn haben Stuhlrecht auf dreizehn Stühlen. Ein Stuhl bleibt leer. Ein Stuhl ist zu viel. Wie einer zu viel war am Tische des Herrn. Solches tut zu seinem Gedächtnis.

ALLE. Amen.

YWAIN. Sieben Nächte trug ich den Stab. Sieben Nächte war kein König unter sieben Säulen. Siebenmal sank die Sonne am Druidenstein, seit der Rufer König Uthyr heimrief in das Tal von Sommerland. Nicht länger als sieben Nächte darf einer den Stab tragen, der kein König des Grales ist. Nicht länger als sieben Nächte dürfen die Brüder vom Kelche ohne das Blut des Kelches sein. Wir sehen nur. Wir erkennen nicht mehr. Nur im Kelch ist Erkennen. Es ist die Stunde, zu küren einen neuen König des Kelches, dass am Tische des Grales gefeiert werde das heilige Abendmahl. Denn es ist die siebente Nacht. Sind alle dafür, und ist keiner dawider?

(Alle schweigen.)

YWAIN. Galeard vom Kessel, befrage den toten König, ob es recht ist, in Ruhe und ohne Reue den neuen König zu küren.

(Die Flammen in den siebenarmigen Leuchtern brennen ganz dunkel. Galeard lässt sich vor dem Kessel nieder und wirft einen Mistelzweig hinein. Dämpfe steigen aus dem Kessel auf.)

YWAIN. Wir fragen dreimal im Schweigen. Rede im heiligen Reim. Rede dreimal im Dreiklang der Druiden, wie es Regel ist am Kessel der Ceridwen.

GALEARD *(im Dampf verhüllt).* König Uthyr ging ein zu gläsernem Glücke.
König Uthyr ritt fern von Irrtum und Tücke
über die bebende Brücke.

YWAIN. Das war einmal. Wir fragen.

GALEARD. Der Rufer rief. Der Rufer rief laut.
Da hat König Uthyr die hohen Hütten geschaut,
die der ewige Bauherr baut.

YWAIN. Das war zweimal. Wir fragen.

GALEARD. Es sprach König Uthyr Pendragon,
läutet der gläsernen Glocke gläsernen Ton,
zu küren den König von Avalon. *(Der Dampf verzieht sich.)*

YWAIN. Das war dreimal. Im Namen der Drei. Lasst uns gehen zum Tische des Grales.

(Alle gehen zum Tisch und setzen sich um ihn. Ywain sitzt im Hintergrunde in der Mitte, zu seiner rechten Seite sitzen Baort, Dinadein, Lancelot, Hector des Mares, Caradoc Amoral von Wales und Galeard, zu seiner linke Driam, Bliomberis, Gabereit, Gauwain, Perceval und Artus – so dass Galeard und Artus am meisten im Vordergrunde sitzen. Ywain enthüllt den Kelch. Die Flammen in den siebenarmigen Leuchtern brennen so hell wie zuvor.)

YWAIN. Aus diesem Kelch trank der Heiland, als er das Brot brach und den Wein vergoss zur Vergebung der Sünden. In diesem Kelch trug Joseph von Arimathia das Blut des Erlösers vom Kreuze in der neunten Stunde. Diesen Kelch empfing Merlin aus den Händen Josephs von Arimathia und gab ihn König Uthyr Pendragon, des Kesselordens König – damit der Kessel entsühnt werde im Blute des Kelches und der König des Kesselordens werde zum König des Grals. Dreizehn waren um ihn in Avalon. Merlin aber ging von ihnen. Dreizehn waren es. Dreizehn sind es wieder und werden es sein. Im Kessel ist Sehen. Aber im Kelch ist Erkennen. Solches tut zu seinem Gedächtnis.

ALLE. Amen.

YWAIN. Einer von Dreizehn soll es sein, der die rote Rose reicht und den Kelch verschenkt. Der Gral heischt einen König. So steht es geschrieben auf dem weißen

Stab, in dessen Rinde Merlin goldne Runen grub. Brüder vom Kelche, vernehmt die Botschaft des Kelches von Avalon.

(Alle erheben sich. Die gläserne Glocke läutet.)

Ywain *(erfasst den Stab)*. Es steht in den Sternen zu lesen,
Merlin grub in Runen es ein,
die Dreizehn sind es gewesen,
die Dreizehn sollen es sein.
Die heilige Dreizehn hüte
des Grales heiliges Gut,
die Blume, die sterbend blühte,
die rote Rose im Blut.
Die Dreizehn wahrt das Vermächtnis
des, der den Kelch verschenkt.
Und solches tut zum Gedächtnis,
so oft ihr sein gedenkt.
Es soll in des Kreuzes Zeichen
ein König des Kelches sein,
die rote Rose zu reichen,
zu weihen den heiligen Wein.
Und wenn der Kelch entgleitet
dereinst eures Königs Hand,
sein Engel ihn heimgeleitet
ins selige Sommerland,
lasst wieder dreizehn sich einen
zum heiligen Abendmahl,
stellt wieder auf weißes Leinen
den klaren kristallenen Gral.

Der Kelch des Grales kreise
am Tisch im Namen der Drei,
bis dass ein Wunder weise,
wer des Kelches König sei.
Und wenn in Glut und Glaube
der Rechte den Gral berührt,
der Treuste, den die Taube
zum König des Kelches kürt,
erklingt auf gläsernem Eiland
der gläsernen Glocke Ton –
dann glüht im Blute des Heiland
der Kelch von Avalon.

(Die Glocke verstummt. Alle nehmen ihre Plätze wieder ein.)

YWAIN. Fasset den Kelch. Sprechet den Spruch. Galeard vom Kessel, zum ersten.

GALEARD *(ergreift den Kelch)*. Ich fasse den Kelch im Geiste.

YWAIN. Caradoc Amoral von Wales, zum zweiten.

CARADOC AMORAL VON WALES *(ergreift den Kelch)*. Ich fasse den Kelch im Herzen.

YWAIN. Hector des Mares, zum dritten.

HECTOR DES MARES *(ergreift den Kelch)*. Ich fasse den Kelch in Treue.

YWAIN. Lancelot, zum vierten.

LANCELOT *(ergreift den Kelch)*. Ich fasse den Kelch in Liebe.

YWAIN. Dinadein, zum fünften.

DINADEIN *(ergreift den Kelch).* Ich fasse den Kelch in Reinheit.

YWAIN. Baort, zum sechsten.

BAORT *(ergreift den Kelch).* Ich fasse den Kelch in Weihe.

(Draußen erhebt sich ein Sturm.)

GALEARD. Ein Sturm erhebt sich und rüttelt an den Toren. Der Kessel kocht.

YWAIN. Draußen ist Sturm. Drinnen ist Stille. Um den Kessel ist Sturm, die Stille ist um den Kelch. Denn die Stille im Sturm ist des Kelches Kunde. Ich, der den Stab trug sieben Nächte unter sieben Säulen – zum siebenten.

(Er ergreift den Kelch.)

Ich fasse den Kelch in Demut.

(Pause. Der Sturm wird stärker.)

YWAIN. Driam, zum achten.

DRIAM *(ergreift den Kelch).* Ich fasse den Kelch in Freude.

YWAIN. Bliomberis, zum neunten.

BLIOMBERIS *(ergreift den Kelch).* Ich fasse den Kelch in Schmerzen.

YWAIN. Gabereit, zum zehnten.

GABEREIT *(ergreift den Kelch).* Ich fasse den Kelch in Sehnsucht.

YWAIN. Gauwain, zum elften.

GAUWAIN *(ergreift den Kelch).* Ich fasse den Kelch in Wahrheit.

YWAIN. Perceval, zum zwölften.

PERCEVAL *(ergreift den Kelch).* Ich fasse den Kelch in Einfalt.

YWAIN. Wenn nicht der Jüngste soll König des Kelches sein, müssen wir wieder warten sieben Nächte. Sieben Nächte müssen wir wieder sehen, ohne zu erkennen. Artus, zum dreizehnten.

(Heulender Sturm. Die Tore rechts springen auf. Ein Halbtier kommt hereingestürzt und kauert sich jammernd am Druidenstein neben der Eiche zusammen. Einige Brüder vom Kelche erheben sich erregt.)

RUFE. Ein Halbtier im Tempel! – Was schreit es in die heilige Handlung? – Tötet es!

YWAIN. Du sollst nicht töten, steht über diesem Tempel.

RUFE. Treibt es hinaus! – Es ist ein Scheusal! – Es kriecht zum Kessel, der es von sich warf in unseliger Stunde.

EINER DER DREIZEHN *(es ist nicht zu erkennen, wer)*. Es darf das Kapitel nicht sehen. Einer ist unrein unter uns. Darum wird kein König gekürt. Darum tritt das Tier in den Tempel. Einer ist zu viel, wie einer zu viel war am Tische des Herrn, der ihn verriet.

YWAIN. Es ist ein Halbtier. Was soll es verraten? Die Tore gingen ihm auf. Die Tore schlossen sich hinter ihm. Es hat Asylrecht in diesem Tempel. Rede, Wesen der Wildnis, wenn du sprechen kannst – was schreist du stärker als Sturm und Stille?

DAS HALBTIER. Ich schreie um Hilfe. Ich bin gehetzt worden. Ich schwamm über die See durch Wind und Wellen. Mich friert. Meine Lungen keuchen.

YWAIN. Dir wird Hilfe werden. Die Tore gingen dir auf. Es war des Wunders Wille. Du bist gefeit im Zeichen der

Dreizehn, denn die gläserne Insel findet niemand, der verfolgt. Lege dich nieder am Kessel, von dem du kamst, und wärme dich an deiner Mutter Brust. Aber sei still, wie in deiner Mutter Armen. Denn dies ist die Stätte der Stille, und wir halten heilige Handlung.

(Das Halbtier kriecht am Kessel herum und kauert sich wieder zusammen.)

YWAIN. Artus, zum dreizehnten. Der Regel Reihe ist an dir. Fasse den Kelch. Sprich deinen Spruch.

(Artus erhebt sich.)

DAS HALBTIER. Mich dürstet. Meine Kehle ist trocken. Der Durst würgt mich. Gebt mir zu trinken.

ARTUS *(zögernd)*. Es sagt, dass es Durst leidet.

YWAIN *(zum Halbtier gewandt)*. Wir haben nichts, deinen Durst zu löschen. Du bist zu Avalon im gläsernen Haus. Du bist unter den Dreizehn, die keine Speise und keinen Trank kennen, wenn sie das Kapitel vom Kelche halten. Artus, zum dreizehnten. Fasse den Kelch. Sprich den Spruch.

DAS HALBTIER. Es steht ein Kelch auf eurem Tische. Gebt mir zu trinken aus eurem Kelch. Erbarmt euch. Ich verschmachte.

ARTUS. Es sagt, es verschmachtet. Es sagt: erbarmt euch. Gebt ihm zu trinken den Kelch, um den es bittet.

(Er streckt die Hand nach dem Kelche aus.)

RUFE. Artus! – Bist du von Sinnen?! – Er frevelt am Heiligtum!

(Einige ziehen die Schwerter und umringen Artus.)

GALEARD. Schwingt das Schwert nie anders, als zum Schutze des Schwachen, lautet die Lehre.

(Sie stecken die Schwerter wieder ein.)

EINER DER DREIZEHN. Einer ist zu viel am Tische der Dreizehn. Einer ist es, der den Kelch verrät.

YWAIN. Lasst die Schwerter ruhn. Jeder ist frei. Keiner dient dem Kelch denn in Freiheit. Artus, ehe deine Hand zugreift, gedenke deines toten Vaters.

ARTUS. Ich gedenke des Vaters, der der Vater aller Geschöpfe ist.

YWAIN. Artus, sei dem Eide treu.

ARTUS. Sei dir und dem Eide treu, lautet die Lehre. Nicht dem Eide allein.

YWAIN. Nicht dir allein. Sei dem Eide treu.

ARTUS. Mir bin ich treu, um dem Eide treu zu sein. Wie kann ich dem Eide treu sein, wenn ich mir nicht treu bin?

YWAIN. Artus, du verpfändest deine Seele.

GALEARD. Artus, es ist eines Gottes Heiligtum. Ehre sei Gott in der Höhe.

DAS HALBTIER. Ich verschmachte!

ARTUS. Es ist zu keines Gottes Ehre, wenn ein Geschöpf an seinem Heiligtum verschmachtet. Ich setze meine Seele zum Pfande. Ist der Regel Reihe an mir?

YWAIN. Ja. *(Pause.)*

ARTUS. Zum dreizehnten. Ich fasse den Kelch und spreche den Spruch.

(Er ergreift den Kelch.)

Ich fasse den Kelch in Allerbarmen!

(Er reicht den Kelch dem Halbtier. Der Kelch erglüht. Die gläserne Glocke läutet. Das Halbtier trinkt aus dem Kelche.)

RUFE. König Artus! – Heil König Artus! – König des Kelches! – König des Grals!

(Artus stellt den Kelch wieder auf den Tisch. Der Kelch erlischt. Die gläserne Glocke verstummt.)

DAS HALBTIER *(streckt die Hände aus)*. Für alle Schöpfung starb des Menschen Sohn.
Jedes Jammers hilfeheischendem Ton
neigt sich der Kelch von Avalon.

ARTUS *(erschüttert)*. Bist du ein Wunder, Wesen der Wildnis, dass du redest im heiligen Reim, im Dreiklang der Druiden?

DAS HALBTIER. Sieh mich an, König des Kelches. Im Kelch ist Erkennen.

ARTUS. Du bist ein Tier. Aber in deinen Augen loht ein Licht. Du hast die Augen des Bruders.

DAS HALBTIER. Alle Schöpfung ist aller Schöpfung Bruder. In aller Augen loht ein Licht. In aller Atem ist ein Atem. Alle Hütten sind einer Hütte heilig.

ARTUS. Wer bist du?

DAS HALBTIER. Dreimal bin ich geboren. Dreimal bin ich gestorben. Ich war der erste, der den Kelch leerte zu Avalon, als die Dreizehn saßen auf der gläsernen Insel.

STIMMEN. Merlin – Merlin …

ARTUS. Du warst Merlin?

Das Halbtier. Ich bin Merlin. Dreimal bin ich geboren. Dreimal bin ich gestorben. Ich war im Schoße der Cherubim von Anbeginn. Ich war zu Babel in jener Nacht, da Babel fiel und ein Stern kam über Juda. Da erkannte ich, was Liebe ist. Denn im Stern ist Liebe. Ich war im Garten Gabriels, darin die rote Rose ruhte. Ich war am Kreuz des Erlösers in der neunten Stunde, die aller Schöpfung neunte Stunde ist. Da erkannte ich, was Erbarmen ist. Denn im Kreuz ist Erbarmen. Ich war am Firmament mit Maria Magdalena. Ich war Merlin. Ich nahm den Kelch aus den Händen Josephs von Arimathia und trank aus dem Kelch zu Avalon. Da erkannte ich, was Erlösung ist. Denn im Kelch ist Erkennen und im Erkennen ist Erlösung in Ewigkeit.

Alle *(leise)*. In Ewigkeit. Amen.

Merlin. Im Kelch sah ich das Ende. Nun ich das Ende gesehn, ging ich zum Anfang. Ich bin Merlin und bin ein Tier. Denn alles ist in allem. Nun ich den Bruder gesehn bei den Cherubim, ging ich, den Bruder zu sehen bei den Brüdern der Wildnis. Denn alle Schöpfung ist aller Schöpfung Bruder. Für alle Schöpfung trank der Bruder aller Schöpfung den Kelch, auf dass einst der Erste und der Letzte aus einem Kelche trinken. Denn alle sind wir Brüder im Kelche. Dann sind alle Hütten für alle bereit. Das ist der Schöpfung Krönungsstunde. Gloria, gloria in excelsis Deo!

Alle. Gloria in excelsis.

MERLIN. Kniet nieder, zu trinken den Kelch, Brüder vom Kelche. Denn ich muss von euch gehen zu denen, für die ich bat um das Blut des Kelches. Ein Tier zu den Tieren. Ich muss ins Dunkel gehen, wie ich aus dem Dunkel kam. Aber ich gehe ins Helle und bringe Helle allen, die im Dunkel sind – den Brüdern in der Wildnis. König Artus, König des Kelches im Allerbarmen, reiche deinen Brüdern die rote Rose, die im Garten Gabriels ruhte.

(Alle knien auf den Stufen des Postaments vor Artus nieder. Artus erfasst den Kelch. Der Kelch erglüht. Die gläserne Glocke läutet.)

ARTUS. Die Dreizehn wahrt das Vermächtnis
des, der den Kelch verschenkt.
Und solches tut zum Gedächtnis,
so oft ihr sein gedenkt.

(Er reicht den anderen das Abendmahl aus dem leuchtenden Kelch. Die Tore rechts öffnen sich lautlos vor Merlin, der an der Schwelle stehen bleibt.)

MERLIN. Aus dem Dunkel ins Helle
von Stufe zu Stufe schwankt die Schwelle.
Aller Geschöpfe nagender Not
brach er das Brot.
Allem Sein
vergoss er den Wein.
Aller Schöpfung Qual zu enden
hielt der Heiland das Abendmahl.
Nur in allerbarmenden Händen

glüht das Blut des heiligen Gral!

(Er macht mit einer großen, weitausholenden Bewegung des ganzen Armes das Zeichen des Kreuzes. Der Vorhang wird zugezogen. Die gläserne Glocke läutet weiter.)

Manfred Kyber, geboren 1880 in Riga, wurde mit seinem ersten Buch „Unter Tieren“ weithin bekannt. Zahlreiche Werke folgten, darunter seine noch heute gültige „Einführung in den Okkultismus“.
In seinen Fabeln, Märchen und Romanen machte er sich zum tief fühlenden Anwalt der Kinder- und Tierseelen. Er schrieb Geschichten für das Kind in jedem von uns. Der Pazifist Manfred Kyber starb 1933 in Löwenstein, Baden-Württemberg.

Kyber, Manfred
Märchen
112 Seiten
ISBN 978-3-89539-636-6
€ 12,80 (D) € 13,20 (A)

Kyber, Manfred
Der Schmied vom Eiland
64 Seiten
ISBN 978-3-89539-656-4
€ 8,90 (D) € 9,20 A)

Kyber, Manfred
Küstenfeuer
Der Tod und das kleine Mädchen
80 Seiten
ISBN 978-3-89539-634-2
€ 9,80 (D) € 10,10 (A)

Kyber, Manfred
Neues Menschsein
Betrachtungen in zwölfter Stunde
120 Seiten
ISBN 978-3-89539-639-7
ca. € 12,80 (D) € 13,20 (A)

Diese »Betrachtungen in zwölfter Stunde«, von Manfred Kyber, also sozusagen fünf Minuten vor zwölf, werden Sie wachrütteln: Wenn es vor fast neunzig Jahren bereits so spät war, wie sieht es dann erst heute aus ?! Diese Schrift ist zwischen den beiden Weltkriegen entstanden und stellt damit ein Zeitdokument des kulturellen Umbruchs dar. Während man sich mit diesem Text beschäftigt wird einem immer wieder klar: Es hat sich in den letzten Jahrzehnten nichts geändert !

Kyber, Manfred
Stilles Land
96 Seiten
ISBN 978-3-89539-640-3
ca. € 9,80 (D) € 10,10 (A)

Stilles Land ist ein stilles Büchlein.
Leise und still schleicht es sich in die Gemüter derer die es lesen.
Es ist ein unaufdringliches Kleinod – möge der Begriff Seelenpflege sich auch etwas antiquiert anhören, aber um genau solches handelt es sich bei diesem Büchlein.

Kyber, Manfred
Puppenspiel + Neue Märchen
128 Seiten
ISBN 978-3-89539-641-0
ca. € 12,80 (D) € 13,20 (A)

Seine Märchen sind ein einzigartiges Geschenkt für Jung und Alt. Er schreibt wahre Märchen. Märchen müssen wahr sein damit sie Märchen sind und nur wahre Märchen können wirklich Seelen berühren. Manfred Kyber berührt die Herzen und Seelen derer, die seine Märchen lesen.

Kyber, Manfred
Im Gang der Uhr -
Eine Kleinstadtgeschichte
96 Seiten
ISBN 978-3-89539-643-4
ca. € 9,80 (D) € 10,10 (A)

Kyber, Manfred
Neue Tiergeschichten (Band 2)
Land der Verheißung
ca. 216 Seiten
ISBN 978-3-89539-647-2
ca,. € 15,80 (D) € 16,30 (A)

Michaels Verlag & Vertrieb GmbH
Ammergauer Str. 80 - 86971 Peiting, Tel.: 08861-59018
Fax: 08861-67091, e-mail: info@michaelsverlag.de
Internet: www.michaelsverlag.de

Dähn, Karl-Heinz
Manfred Kyber -
Ein Ort der Sehnsucht
Biografie, ca. 128 Seiten
ISBN 978-3-89539-648-9

Kyber, Manfred
Unser Erbe - Eine Geschichte
über unsere innere Heimat
Erstveröffentlichung aus
dem Nachlass Kyber
ISBN 978-3-89539-653-3

Michaels Verlag & Vertrieb GmbH
Ammergauer Str. 80 - 86971 Peiting, Tel.: 08861-59018
Fax: 08861-67091, e-mail: info@michaelsverlag.de
Internet: www.michaelsverlag.de

Weitere Manfred Kyber Bücher

Kyber, Manfred
Der Königsgaukler
Ein indisches Märchen
ca. 80 Seiten
ISBN 978-3-89539-652-6

Kyber, Manfred
Genius Astri
33 Dichtungen
ca. 80 Seiten
ISBN 978-3-89539-645-8

Kyber, Manfred
Meister Mathias
Das wandernde Seelchen
ca. 80 Seiten
ISBN 978-3-89539-650-2

Kyber, Manfred
Einführung in das
Gesamtgebiet des Okkultismus
ca. 144 Seiten
ISBN 978-3-89539-654-0

Kyber, Manfred
Coeur-As
ca. 80 Seiten
ISBN 978-3-89539-649-6

Kyber, Manfred
Die mythologische Nacht
Humorvolle und wunderliche
Kurzgeschichten
ca. 96 Seiten
ISBN 978-3-89539-651-9

Kyber, Manfred
Das große Manfred Kyber
Buch
ca. 640 Seiten
ISBN 978-3-89539-642-7

Michaels Verlag & Vertrieb GmbH
Ammergauer Str. 80 - 86971 Peiting, Tel.: 08861-59018
Fax: 08861-67091, e-mail: info@michaelsverlag.de
Internet: www.michaelsverlag.de

Kyber, Manfred
Die drei Lichter der kleinen Veronika
ISBN 978-3-89539-633-5
6,50 (D) 6,70 (A)

Eine bezaubernde, romantisch-poetische Reise in die inneren Welten. Die unsichtbaren Fäden und Stufen, die verborgenen und geheimnisvollen Zusammenhänge hinter den Dingen und Menschen, die besonderen Wesenheiten und verschiedenen Welten werden wunderschön enthüllt und in magischen Farben beschrieben.
Manfred Kybers „Roman einer Kinderseele in dieser und jener Welt" ist reines Balsam für die Seele – ein lichtvoller Schatz voller spiritueller Kostbarkeiten. Wir erinnern uns wie es war, als wir mit den himmlischen Augen sahen, und spüren tief, worum es auf unserer grossen Wanderung geht. „Es ist eine Ferne, die war, von der wir kommen. Es ist eine Ferne, die sein wird, zu der wir wandern." Versehen mit neun Illustrationen und optisch in eine ansprechende Form gebracht, die Jugendlichen und Erwachsenen gleichermaßen eine magische Freude beim Lesen bereitet.

Kyber, Manfred
Die drei Lichter der kleinen Veronika
Hörbuch 5 CDs, 6 Stunden Spielzeit
ISBN 978-3-89539-655-7
9,95 (D) 9,95 (A)

Die drei Lichter der kleinen Veronika - ein spiritueller Roman. Ein spirituelles Hörbuch über das Leben hinter dem Leben. Das innere, tiefere Leben mit all seinen geheimnisvollen und verborgenen Zusammenhängen. „Die drei Lichter der kleinen Veronika" ist das bekannteste Werk von Manfred Kyber und avancierte schon früh zu einem Kultbuch. Die seelische Entwicklung der kleinen Veronika erinnert uns an die kostbaren geistigen Inhalte, die uns so nah sind, verborgen hinter dem Lärm des Alltäglichen. Manfred Kybers „Roman einer Kinderseele in dieser und jener Welt" ist feinste Nahrung für die Seele - ein lichtvoller Schatz voller spiritueller Wahrheiten. Ungekürzte, inszenierte Lesung mit Musik von Chopin, Debussy, Brahms u.a.

MICHAELS VERLAG & VERTRIEB

Khalil Gibran
Der Prophet
MICHAELS VERLAG

DAS BÜCHLEIN
VOM
REINEN LEBEN